New Redback Bilingual Books: The Life of Cleopatra

Learn Greek
Bilingual Book
The Life of Cleopatra
Greek - English

Redback Books

www.redback-books.com

Table of Contents

About this Book

Our new brand of books with short stories and bilingual translations offers readers with different levels of Greek the pleasure of learning a language while increasing their general knowledge in the process. The text is written in two different languages, Greek and English. The Greek sentence appears above the English sentence in classic bilingual text.

Our unique story telling is inspired by historic characters and written in modern language, bringing them closer to our times and lives. We bring history to life, while keeping to the facts, making it more entertaining for you without the long hours of studying dry texts. Adding a twist to the story, The Life of Cleopatra is told from 4 different perspectives. Readers of all ages can enjoy our books.

Copyright © 2015 Redback Books
Illustration Anna Furashova
All rights reserved.

Other Redback Bilingual Books:

The Adventures of Julius Caesar
The Starry Night

Η Ζωή της Κλεοπάτρας
The Life of Cleopatra

Ο δρόμος προς το στρατόπεδο του Ιουλίου Καίσαρα ήταν δύσκολος και γεμάτος λακκούβες.
The road to Julius Caesar's camp was rough and full of potholes.

Πήγαινα πέρα δώθε στο πίσω μέρος της άμαξας σαν μια τσάντα γεμάτη κουρέλια.
I was bouncing around in the back of the wagon like a bag full of rags.

Πώς στον κόσμο, θα μπορούσε η Βασίλισσα της Αιγύπτου, ηγεμόνας του πιο προηγμένου πολιτισμού της εποχής μας, να βρεθεί σε μια τέτοια θέση;
How in the world could the Queen of Egypt, ruler of the most advanced civilisation of our times, find herself in such a fix?

Ήμουν εδώ, τυλιγμένη σε ένα Περσικό χαλί, συσκευασμένο σφιχτά ανάμεσα σε σάκους με σιτηρά, σε ένα κιβώτιο με λαχανικά και μια ντουζίνα κλουβιά από κότες που κακάριζαν.
Here I was, wrapped up in a Persian rug, packed in tightly between bags of grain, a crate of vegetables and a dozen cages of cackling hens.

Πώς ακριβώς έφτασα ως εδώ;
How exactly had it come to this?

Έκλεισα για λίγο τα μάτια μου και άφησα το μυαλό μου να αναπολήσει στο παρελθόν σε καλύτερες εποχές.
I closed my eyes for a moment and let my mind drift back to better times.

Μέσα από το ανοιχτό παράθυρο του δωματίου μου μπορούσα να δω την όμορφη πόλη της Αλεξάνδρειας σε όλη την υπέροχη δόξα της.
Through the open window of my room I could see the beautiful city of Alexandria in all its splendid glory.

Πέρα από την πόλη και προς την θάλασσα ένας ψηλός φάρος στο νησί Φάρος καθοδηγούσε τα πολλά πλοία που εισήλθαν στο λιμάνι μας.
Beyond the city and out to sea a tall lighthouse on the island of Pharo guided the many ships that entered our harbour.

Ο φάρος ήταν φτιαγμένος από λευκό μάρμαρο.
The lighthouse was made of white marble.

Είχε ύψος εκατόν πενήντα μέτρα.
It was one hundred and fifty meters high.

Οι ναυτικοί ισχυρίζονταν ότι μπορούσαν να τον δουν να στέκεται εκεί από πενήντα χιλιόμετρα μακριά.
Sailors claimed they could see it standing there from fifty kilometres away.

Η θέα αυτής της μεγάλης πόλης με τις μεγάλες λεωφόρους και τα μεγαλοπρεπή κτίρια με συνεπήρε.
The view of this great city with its wide avenues and grand buildings took my breath away.

Αυτή ήταν η πόλη που έχτισε ο Μέγας Αλέξανδρος και τώρα ήταν δική μου!
This was the city that Alexander the Great had built and now it was mine!

Για μια στιγμή χρειάστηκε να με τσιμπήσω μόνο και μόνο για να καθαρίσω το μυαλό μου.
I had to pinch myself for a moment just to clear my head.

Όλα είχαν γίνει τόσο γρήγορα και τώρα σε ηλικία μόνο 18 ετών, είχα γίνει η Βασίλισσα, η μεγάλη Φαραώ της Αιγύπτου.
It had happened all so quickly and now at only eighteen years of age, I had become the Queen, the great Pharaoh of Egypt.

Ξαφνικά τις σκέψεις μου διέκοψε ο ήχος κάποιας κίνησης στην πόρτα του δωματίου μου.
Suddenly my thoughts were interrupted by the sound of movement at the door of my room.

Είχαν φτάσει οι υπηρέτριες μου.
My servants had arrived.

Είχαν έρθει για να με ντύσουν με τα νέα μου ρούχα που ταίριαζαν με τον τίτλο μου ως Φαραώ.
They were here to dress me in my new garments befitting my Pharaoh status.

Όταν παρατήρησα πολύχρωμα υφάσματα ανάμεσα στα ρούχα, οι υπηρέτριες μου γρήγορα μου υπενθύμισαν τη νέα μου θέση.
When I noticed brightly coloured fabric among the clothing items, the servant girls quickly reminded me of my new position.

"Μόνο οι κοινές γυναίκες φορούν λευκά, Βασίλισσα μου.
"Only common women wear white, my Queen.

Εσείς θα φοράτε χιτώνα, από τα καλύτερα Ελληνικά υφάσματα, κεντημένο στις άκρες και βαμμένα με έντονα και ζωντανά χρώματα.
You will be wearing a chiton, in the finest of Greek linens, embroidered on its edges and dyed in bright vibrant colours.

Το φόρεμα σας θα δένει στη μέση με μια ζώνη φτιαγμένη από δέρμα και στολισμένη με πολύτιμα πετράδια".
Your dress will be pulled in at the waist with a belt made from leather and studded with jewels".

Ο φωτεινός χιτώνας ήταν ένα ραμμένο φόρεμα.
The bright chiton was a stitched dress.

Ήταν πιο επίσημος από τις τηβέννους που φορούσαν και οι δύο υπηρέτριες μου.
It was more formal than the togas worn by both my servants.

Οι τήβεννοι απλά τυλίγονταν γύρω από το σώμα τους και έδεναν στο ύψος του ώμου.
The togas simply wrapped around their bodies and tied at the shoulder.

Η νεαρή κοπέλα που μιλούσε σταμάτησε ξαφνικά, έσκυψε λίγο και έκανε μερικά βήματα προς τα πίσω από σεβασμό προς την Βασίλισσα της.
The young girl who had been talking suddenly stopped, bowed slightly and backed up a few steps out of respect to her Queen.

"Με συγχωρείτε, Υψηλοτάτη μου, για την φλυαρία μου," είπε.
"Forgive me, my Highness, for all my chatter," she said.

Το όνομά της ήταν Τίμπυ.
Her name was Tibby.

Ήμασταν πολύ καλές φίλες από τότε που ήμασταν μικρά κορίτσια.
We had been best friends since we were little girls.

Αλλά τώρα, με την ξαφνική μου νέα ιδιότητα, η φιλία μας είχε γίνει πολύ πιο τυπική.
But now, with my sudden new status, our friendship had become much more formal.

Μου έλειπαν οι παλιές ημέρες που γελούσαμε, τρέχαμε και χασκογελούσαμε χωρίς έγνοιες.

I missed the old days when we could laugh, run and giggle without any worries.

Θυμήθηκα πώς συνηθίζαμε να πειράζουμε τον νεαρό σκλάβο που ήταν ο προσωπικός μου δοκιμαστής φαγητών.
I remembered how we used to tease the slave boy who was my personal taster.

Ήταν δική του δουλειά να δοκιμάζει κομμάτια από το φαγητό μου πριν από εμένα, για να βεβαιωθεί ότι δεν είχαν δηλητήριο.
It was his job to eat bits of my food before I did, to make sure that it wasn't poisoned.

Ήταν ένα πολύ χαριτωμένο αγόρι.
He was a very cute boy.

Η Τίμπυ έλεγε ότι ο δοκιμαστής του φαγητού μου ήταν και ο ίδιος πολύ νόστιμος!
Tibby used to say that the taster of my food was quite delicious himself!

Μερικές φορές, όταν έμπαινε μέσα, σκάγαμε στα γέλια.
Sometimes, when he would enter, we would break down in a fit of laughter.

Αφού έφυγαν η Τίμπυ και το άλλο κορίτσι άρχισα να σκέφτομαι για τη νέα μου θέση.
After Tibby and the other girl left I turned my thoughts to my new position.

Η ζωή δεν ήταν πλέον γεμάτη με πολύωρα απογευματινά μπάνια σε γάλα ξαπλωμένη σε μια πολυτελή μαρμάρινη μπανιέρα.
Life was no longer filled with long afternoon milk baths while stretched out in a luxurious marble tub.

Το φλερτ με τα νόστιμα αγόρια-δοκιμαστές ήταν διασκεδαστικό αλλά τώρα ...

Flirting with yummy taster boys was great fun but now …

είχα κληρονομήσει το θρόνο από τον πατέρα μου, τον Πτολεμαίο ΙΒ΄.
I had inherited the throne from my father, Ptolemy XII.

όλις είχα μπει στην εφηβεία και, σαν να μην ήταν αυτό ήδη αρκετό για να ανησυχώ, μου είχε δοθεί η σπουδαία αποστολή να κυβερνώ την χώρα μου.
I was barely a teenager and, as if I didn't already have enough to worry about, I had been given the big job of ruling my country.

Ακόμη χειρότερα, έπρεπε να το κάνω με τη βοήθεια του δεκάχρονου αδερφού μου!
Even worse, I had to do it with the help of my ten year old brother!

Το όνομά του ήταν Πτολεμαίος ΙΓ΄.
His name was Ptolemy XIII.

Επιτρέψτε μου να καταστήσω απόλυτα σαφές από την αρχή ότι οι δύο μας δεν τα πηγαίναμε καλά παρόλο που έπρεπε να παρουσιάζουμε το αντίθετο.
Let me make it perfectly clear from the start that the two of us did not get along although we were expected to appear like we did.

Η αλήθεια είναι ότι και μόνο που τον έβλεπα ανατρίχιαζα ολόκληρη.
The truth is the very sight of him made my skin crawl.

Δεν ξέρω πόσες φορές τον βρήκα στο δωμάτιο μου να ψαχουλεύει τα πράγματα μου.
I don't know how many times I caught him in my room going through my things.

"Βγες έξω από το δωμάτιο μου, Πτολεμαίε"! φώναζα.
"Get out of my room, Ptolemy!" I'd scream.

Οπότε ... τώρα ο αδελφός μου είχε γίνει ακόμα μεγαλύτερο πρόβλημα.
So ... now my brother had become an even bigger problem.

Δεν ήταν πλέον μόνο ο αδερφός μου, "ο ενοχλητικός".
He no longer was simply my brother, "the nuisance".

Ο Πτολεμαίος τώρα επιθυμούσε τη δουλειά που μοιραστήκαμε, όλη για τον εαυτό του.
Ptolemy now wanted the job we shared, all to himself.

Υποπτευόμουν ότι οι κακοί κηδεμόνες του ήταν πίσω από αυτή την απαίσια ιδέα.
I suspected his mean guardians were behind this bad idea.

Η νέα αυτή απειλή ήταν σοβαρή και ο Πτολεμαίος είχε το δικό του στρατό για να το κάνει πράξη!
This new threat was serious and Ptolemy had his very own army to make it happen!

Έτσι τώρα βρέθηκα αντιμέτωπη με το πρώτο μου πραγματικά μεγάλο πρόβλημα ως Φαραώ.
So now I was faced with my first really big problem as Pharaoh.

Πώς θα πρέπει να ασχοληθώ με τον κακομαθημένο μου αδερφό και την απειλή του προς την εξουσία μου;
How should I deal with my bratty brother and this threat to my power?

Και τώρα, ένα χρόνο αργότερα, όλα είχαν γίνει χειρότερα.
And now, a year later, it had all gotten worse.

Ο αδελφός μου είχε κερδίσει τον πρώτο γύρο και εγώ ζούσα εξόριστη μακριά από την αγαπημένη μου Αλεξάνδρεια.

My brother had won the first round and I was living in exile away from my beloved Alexandria.

Χθες, η Τίμπυ επέστρεψε από την αγορά και μου είπε τα νέα για έναν νέο άντρα στην γειτονιά.
Yesterday, Tibby arrived back from the market with news of a new man in the neighbourhood.

Δεν ήταν μόνο όμορφος, "ονειρεμένος", είπε, είχε επίσης και στρατό.
Not only was he handsome, "dreamy," she said, he also had an army.

"Οδηγούσε το πιο μεγάλο και γρήγορο άρμα που έχω δει ποτέ" ανακοίνωσε η Τίμπυ, "και αυτή η Ρωμαϊκή θωρακική πανοπλία που φορούσε ήταν τόσο εντυπωσιακή!".
"He was driving the biggest and fastest chariot I've ever seen" Tibby announced, "and that Roman chest-plate he wore was so impressive!"

Ήταν ο Ιούλιος Καίσαρας και ήταν εδώ, είχε κατασκηνώσει ακριβώς μπροστά μου!
It was Julius Caesar and here he was, camped right on my doorstep!

Θα μπορούσε να είναι καλύτερο από αυτό;
Could it get better than this?

Χρειαζόμουν έναν σύμμαχο και από το πουθενά, εμφανίστηκε αυτός.
I needed an ally and out of nowhere, he had appeared.

Σιγά σιγά το σχέδιο άρχισε να παίρνει μορφή.
Slowly a plan began to take form.

Έπρεπε να επικοινωνήσω με τον Ιούλιο Καίσαρα, χωρίς να με δουν.
I needed to make contact with this Julius Caesar without being seen.

Έστειλα την Τίμπυ πίσω στην αγορά για να συγκεντρώσει πληροφορίες.
Tibby was sent back to the market place to gather information.

Βρήκε έναν έμπορο χαλιών, ο οποίος είχε επαφή με τους Ρωμαίους.
She found a carpet dealer who dealt with the Romans.

Για λίγα νομίσματα ήταν διατεθειμένος να κάνει μια πολύ ιδιαίτερη παράδοση.
For a few coins he was willing to make a very special delivery.

Και έτσι λοιπόν κατέληξα να πηγαίνω πέρα δώθε σε μια άβολη άμαξα, τυλιγμένη σε ένα μάλλινο χαλί.
So that is how I came to be bumping along in an uncomfortable cart, wrapped up in a wool rug.

Όταν τελικά φτάσαμε στο στρατόπεδο του Ιουλίου Καίσαρα άκουγα τους στρατιώτες του να μιλούν δυνατά καθώς ξεφόρτωναν τα είδη από την άμαξα.
When we finally reached the camp of Julius Caesar I could hear his soldiers talking loudly as they removed the items from the cart.

Μέσα σε λίγα λεπτά ένιωσα το χαλί να κινείται καθώς με σήκωσαν και με μετέφεραν στη σκηνή του μεγάλου Ρωμαίου ηγέτη.
Within minutes I felt the rug move as I was lifted and carried into the tent of the great Roman leader.

Όταν το χαλί έπεσε στο πάτωμα και ξεδιπλώθηκε, κράτησα την αναπνοή μου.

As the rug was dropped to the ground and unrolled I held my breath.

Ήξερα ότι αυτό που θα επακολουθούσε θα άλλαζε την πορεία της ζωής μου.
I knew what came next would change the course of my life.

Θα με συμπαθούσε;
Would he like me?

Θα τον συμπαθούσα;
Would I like him?

Θα καταφέρναμε να ενώσουμε τις δυνάμεις μας όπως το είχα σχεδιάσει;
Would we join forces as I had planned?

Ξαφνικά κοίταξα προς τα πάνω και τον είδα, ένας δυνατός και όμορφος στρατιώτης.
Suddenly I was looking up at him; a strong and handsome soldier.

Οι ματιές μας συναντήθηκαν και αμέσως κατάλαβα ότι μαζί, ο Ιούλιος Καίσαρας και εγώ, η Κλεοπάτρα Ζ΄ θα γράφαμε ιστορία!
Our eyes locked and instantly I knew that together, Julius Caesar and I, Cleopatra VII would make history!

Η ιστορία της Κλεοπάτρας, από τον Ιούλιο Καίσαρα
The Story of Cleopatra, by Julius Caesar

Σαν ένας νεαρός άνδρας που μεγάλωνε στην αρχαία Ρώμη γρήγορα ανακάλυψα την απέχθεια που ένιωθαν οι απλοί άνθρωποι για την αριστοκρατία, σαν και μένα.
As a young man growing up in ancient Rome I quickly discovered the dislike the common people felt for the nobility, like me.

Οι σαρκασμοί και το βλοσυρό ύφος στα πρόσωπα των ανθρώπων ήταν παντού όπου και αν πήγαινα.
The sneers and the scowls on people's faces were everywhere I went.

Θυμάμαι που περπατούσα στην αγορά μία ημέρα και άκουσα κατά λάθος μια συνομιλία μεταξύ δύο εμπόρων.
I remember walking in the market one day and overhearing a conversation between two merchants.

Έλεγαν μεταξύ τους αστεία.
They were telling each other jokes.

"Τι έχει έξι τροχούς και πετάει;", είπε ο πρώτος έμπορος.
“What has VI wheels and flies?,” said the first merchant.

"Το καλάθι σκουπιδιών", φώναξε και γέλασε δυνατά και για πολύ ώρα.
“The garbage cart,” he shouted and they laughed long and hard.

"Ποιος διαδέχτηκε τον πρώτο Ύπατο;" αστειεύτηκε ο δεύτερος έμπορος.
"Who came after the first Consul?” joked the second merchant.

Ο άλλος απλά κοιτούσε απορημένος και δεν είπε τίποτα.
The other simply looked blank and said nothing.

"Ο δεύτερος", είπε απαντώντας στη δική του ερώτηση και με αυτό, και οι δύο άντρες γύρισαν τα μάτια και ανασήκωσαν τους ώμους.
"The second one," he said answering his own question and with that, both men rolled their eyes and shrugged.

Ήταν προφανές ότι δεν υπήρχε και μεγάλη αγάπη προς τους μεγάλους ηγέτες της χώρας μας.
It was clear there was no love lost for the great leaders of our country.

Κάθε χρόνο, η σύγκλητος όριζε δύο νέους Ύπατους για να καθοδηγήσουν τη χώρα.
Every year the senate appointed two new Consuls to lead the country.

Επιλέγονταν δύο έτσι ώστε κανένα μεμονωμένο άτομο να μην έχει πολύ μεγάλη εξουσία.
Two were chosen so that no single person would have too much power.

Όλοι οι Συγκλητικοί και οι Ύπατοι προέρχονταν από αριστοκρατικές οικογένειες της Ρώμης.
All Senators and Consuls were from the noble families of Rome.

Ήταν αυτού του είδους της δυσπιστίας που με ακολούθησε σε όλη μου τη ζωή ως νέος.
It was this type of mistrust that followed me throughout my young life.

Η χώρα ήταν ένα μεγάλο χάος και, φυσικά, οικογένειες όπως η δική μου είχαν κατηγορηθεί για όλα τα λάθη και τα προβλήματα.

The country was in a big mess and, of course, families like mine were blamed for all the mistakes and troubles.

Αλλά κανείς δεν ήξερε εκείνη την εποχή, ότι εγώ, ο Ιούλιος Καίσαρας, κάποια μέρα θα έλυνα τα προβλήματα της χώρας μου.
But little did anyone know at the time, that I, Julius Caesar, would one day solve the country's troubles.

Σύντομα, θα έπαιρνα ένα σπαθί, θα έμπαινα στο στρατό και τελικά θα ίδρυα μια στρατιωτική δικτατορία.
Before too long, I would pick up a sword, join the army and eventually establish a military dictatorship.

Αλλά αυτό ήταν στο μέλλον και είχα μακρύ δρόμο να διανύσω και μάχες να δώσω προτού συμβούν όλα αυτά.
But that was in the future and I had a long way to go and battles to fight before that would come to pass.

Ως νεαρός στρατιώτης, ήρθα, είδα και κατάκτησα πολλές περιοχές της Ασίας και της Μέσης Ανατολής.
As a young soldier, I came, I saw and I conquered many areas of Asia and the Middle East.

Οι στρατοί μου πολέμησαν σκληρά και με γενναιότητα.
My armies fought hard and valiantly.

Η Ρωμαϊκή Αυτοκρατορία αναπτύχθηκε αστραπιαία λόγω των προσπαθειών μου.
The Roman Empire grew in leaps and bounds because of my efforts.

Απόλαυσα εκείνες τις ημέρες στο πεδίο της μάχης και πάντα τις θυμάμαι ως τις καλύτερες μέρες της ζωής μου!
I relished those days on the battlefield and remembered them as being some of the best days in my life!

Μετά από μια κουραστική μέρα στο πεδίο της μάχης οι στρατιώτες υπό την εντολή μου έτρωγαν και χαλάρωναν.
After a long day on the battlefield the soldiers under my command would eat and relax.

Τα συσσίτια για τους Ρωμαίους στρατιώτες μας ήταν πάντα καλά σχεδιασμένα.
The food rations for our Roman soldiers were always well planned.

Τα συσσίτια αποτελούνταν κυρίως από σιτηρά· δηλαδή καλαμπόκι, σιτάρι και κριθάρι.
Rations consisted primarily of grains; namely corn, wheat and barley.

Τα σιτηρά ήταν αλεσμένα και χρησιμοποιούνταν για να φτιάξουν ψωμί, χυλό και ζυμαρικά.
The grains were ground and used to make breads, porridge and pastas.

Το κρέας ήταν συνήθως το μπέικον και ήταν αλατισμένο για να διατηρείται.
Meat was usually bacon and it was salted to keep it preserved.

Επίσης είχαμε τυρί και κρασί στη διάθεσή μας.
We also had cheese and wine at our disposal.

Το κρασί ήταν πάντα νερωμένο φυσικά.
The wine was always watered down of course.

Οι στρατιώτες είχαν αρκετά για να είναι σε φόρμα για τη μάχη, αλλά μερικές φορές λιγουρεύονταν γλυκό.
The soldiers had enough to keep them fit for battle, but sometimes they longed for pastry.

"Δεν μπορούμε να ζούμε μόνο με ψωμί", παραπονιόταν οι στρατιώτες συχνά.

"We cannot live on bread alone," the soldiers would often complain.

"Αισθανόμαστε σαν να μας εκπαιδεύουν για τους Ολυμπιακούς Αγώνες".
"We feel we are being trained for the Olympics."

Εγώ, φυσικά, αγνοούσα τις εκκλήσεις τους επειδή ήξερα κάτι παραπάνω.
I, of course, ignored their pleas because I knew better.

Μια υγιεινή διατροφή σήμαινε πιο δυνατούς στρατιώτες και με μεγαλύτερη διάρκεια ζωής.
A healthy diet meant a stronger soldier and a longer life.

Πολλά χρόνια ζωής, θα ήθελα να προσθέσω, κατά την διάρκεια των οποίων θα μπορούσα να συλλέγω τις καλές τους συντάξεις.
A long life, I might add, in which to collect their good pensions.

Ένα βράδυ, χρόνια αργότερα, βρέθηκα στη γη της Αιγύπτου.
One evening, years later, I found myself in the land of Egypt.

Αυτό το συγκεκριμένο βράδυ ήταν ζεστό και με πολύ υγρασία, όπως και κάθε άλλη νύχτα από τότε που έφτασα εκεί.
This particular evening was hot and sticky, much like every other night since my arrival.

Είχαμε δώσει και κερδίσει τις μάχες μας.
Our battles had been fought and won.

"Ήρθε η ώρα να φύγουμε από εδώ και να επιστρέψουμε στη Ρώμη", σκέφτηκα.
"It's time to get out of here and back to Rome," I thought to myself.

Είχα βαρεθεί απλά να κάθομαι εκεί και ήμουν έτοιμος για δράση.
I was tired of just hanging out and was ready for some kind of action.

Αλλά, επίσης, ανησυχούσα για την έλλειψη χρημάτων.
But, I was also worried about my lack of money.

Ο στρατός γινόταν όλο και πιο ανήσυχος και ήξερα ότι θα έπρεπε να πληρώσω στους στρατιώτες μου τα χρήματα που τους χρωστούσα σύντομα.
The army was getting restless and I knew I would have to pay my soldiers the coins I owed them soon.

Αυτή η τελευταία εκστρατεία εναντίον της Πομπηίας ήταν ακριβή.
This last campaign against Pompey had been expensive.

Έπρεπε να κυνηγήσουμε την Πομπηία έξω από τη Ρώμη και μέχρι και την Αίγυπτο.
We had to chase Pompey out of Rome and all the way into Egypt.

Τώρα το πολεμικό μου σεντούκι, που κάποτε ήταν ασφυκτικά γεμάτο, είχε σχεδόν αδειάσει εντελώς.
Now my war chest, once overflowing, was almost completely empty.

"Μπα!". είπα φωναχτά ξαφνιάζοντας τους στρατιώτες που μόλις είχε μπει στην σκηνή.
“Bah!” I said aloud startling the soldiers that had just entered the tent.

Μετέφεραν ένα σκονισμένο τυλιγμένο χαλί.
They were carrying a dusty rolled up carpet.

"Τι είναι αυτό;". φώναξα.
“What’s this?” I bellowed.

Η διάθεση μου ήταν άσχημη και το μόνο που σκεφτόμουν ήταν να τα μαζέψω και να φύγω.
My mood was dark and my thoughts were about packing up and leaving.

Άλλο ένα χαλί στη σκηνή ήταν γελοίο!
Another carpet in the tent was ridiculous!

Κοιτούσα λυπημένος, καθώς το χαλί έπεφτε στο πάτωμα και ξετυλιγόταν.
I looked depressed, as the rug was dropped to the ground and unrolled.

Αρκετά με αυτές τις ανοησίες!
Enough of this nonsense!

Όποιος είχε την ευθύνη θα έπρεπε να δώσει εξηγήσεις!
Whoever was responsible would have some explaining to do!

Αλλά τότε το σαγόνι μου έπεσε καθώς είδα τι έβγαινε μέσα από το χαλί.
But then my jaw dropped as I saw what unrolled out of the carpet.

Μια όμορφη γυναίκα!
A beautiful woman!

Προσγειώθηκε στα πόδια μου και με κοιτούσε με αθωότητα στα μάτια.
She landed at my feet and looked up innocently into my eyes.

Το βλέμμα μας έμεινε καρφωμένο και για μια στιγμή, ο χρόνος έμοιαζε να έχει σταματήσει.
Our gaze locked and for a moment, time seemed to stand still.

Ήξερα αμέσως ότι αυτή δεν ήταν μια συνηθισμένη σκλάβα.

I knew instantly that this was no ordinary slave girl.

Ήταν ντυμένη με πολύχρωμα ρούχα που προορίζονται μόνο για τις πλούσιες Αιγύπτιες των ισχυρών οικογενειών.
She was dressed in the brightly coloured clothes reserved only for the wealthy Egyptian women of powerful families.

Ένα χρυσό φυλαχτό ήταν τυλιγμένο ψηλά στο μπράτσο της και η ζώνη της ήταν στολισμένη με πολύχρωμα πετράδια.
An amulet of gold encircled her upper arm and her belt was studded with jewels of many colours.

Ήταν η Κλεοπάτρα, η εξόριστη Βασίλισσα της Αιγύπτου.
It was Cleopatra, the exiled Queen of Egypt.

Ξαφνικά ένα βαρετό απόγευμα σε μια ξένη γη μετατράπηκε σε μια νύχτα με απεριόριστες δυνατότητες.
Suddenly another boring evening in a foreign land transformed itself into a night of endless possibilities.

Η διάθεση μου άλλαξε αμέσως.
My mood immediately changed.

Το ήρθα, είδα, κατάκτησα επρόκειτο να αποκτήσει νέα έννοια!
I came, I saw, I conquered, was about to have a new meaning!

Αλλά ποιος ακριβώς θα κατακτούσε ποιον, σκέφτηκα, καθώς η νύχτα άρχισε να γίνεται ρομαντική.
But exactly who was conquering who, I thought, as the night of romance began to blossom.

Το γεγονός ότι η Κλεοπάτρα είχε χρήματα ήταν πολύ ενδιαφέρον για μένα και όπως αποδείχθηκε ο στρατός που διοικούσα είχε μεγάλο ενδιαφέρον για την Κλεοπάτρα και τα σχέδιά της.

The fact that Cleopatra had money was interesting to me and as it turned out the army I commanded was of great interest to Cleopatra and her plans.

Καθώς τα βλέμματα μας ήταν καρφωμένα, οι δυο μας μαγνητίσαμε ο ένας τον άλλο.
As we locked eyes, the two of us took serious stock of one another.

Οι επόμενες εβδομάδες επρόκειτο να είναι τόσο διασκεδαστικές όσο και ικανοποιητικές.
The next weeks were going to be both entertaining and rewarding.

Ένιωθα σαν Αυτοκράτορας καθώς μπαίναμε στην πόλη της Αλεξάνδρειας με την Κλεοπάτρα στο πλευρό μου.
I felt like an Emperor as we entered the city of Alexandria with Cleopatra at my side.

Στεκόμασταν ψηλά στο μεγάλο μου Ρωμαϊκό άρμα και φαινόμασταν εντυπωσιακό ζευγάρι.
We were standing tall in my great Roman chariot and made an impressive couple.

Σήμερα φορούσε ένα διακοσμητικό στο κεφάλι της τόσο μαγευτικό που φαινόταν σαν τη θεά Ίσιδα.
Today she was wearing a head-dress so magnificent she looked like the Goddess Isis.

Ήταν ξεκάθαρο ότι ο λαός της την λάτρευε.
It was clear that her people adored her.

Τις τελευταίες εβδομάδες είχα μάθει πολλά για αυτή την τολμηρή νέα βασίλισσα.

In the past few weeks I had learned a lot about this spunky young queen.

Ενώ οι περισσότερες από τις αριστοκρατικές οικογένειες στην Αίγυπτο μιλούσαν μόνο ελληνικά, η Κλεοπάτρα είχε επιλέξει να μάθει Αιγυπτιακά, την κοινή γλώσσα των ανθρώπων που κυβερνούσε.
While most of the great families in Egypt spoke only Greek, Cleopatra had chosen to learn Egyptian, the common language of the people she ruled.

Ήταν μία ισχυρή Φαραώ και ήμουν περήφανος που θα χρησιμοποιούσα τον στρατό μου για να την γυρίσω πίσω στην Αλεξάνδρεια, όπου ανήκε.
She was a powerful Pharaoh and I was proud to use my army to get her back into Alexandria where she belonged.

Η μάχη με τον αδελφό της, τον Πτολεμαίο ΙΓ΄, ήταν σκληρή, αλλά η ήττα του ήταν συντριπτική.
The battle with her brother, Ptolemy XIII was fierce but his defeat had been total.

Μπορούσα να τον δω να τρέχει μακριά μου από τους στρατούς με την ουρά ανάμεσα στα σκέλια, και αποφασισμένο να μην επιστρέψει ποτέ ξανά.
I could still see him running away from my armies with his tail between his legs, never to return again.

Εκείνη στράφηκε προς εμένα, ένα μεγάλο χαμόγελο ανάμεσα στα χείλη της και πάλι έγινε η κοπέλα που με το φλερτ της μου είχε κλέψει την καρδιά μόλις λίγες εβδομάδες πριν.
She turned towards me, a broad smile parting her lips and once again she became the flirty girl that had stolen my heart just a few short weeks ago.

Πέρασε το χέρι της πάνω από το δικό μου λέγοντας μου ψιθυριστά στο αυτί.

Her hand reached over and covered mine as she whispered into my ear.

"Τώρα τι γνώμη έχεις για την μικρή σου βασίλισσα;" το παιχνιδιάρικο χαμόγελο της μου έλιωσε την καρδιά.
"So what do you think of your little queen now?" her playful smile melted my heart.

Στεναχωρήθηκα γνωρίζοντας ότι θα έπρεπε να της πω τα νέα σύντομα.
I was saddened knowing I would have to break the news soon.

Ήρθε η ώρα να επιστρέψω στη Ρώμη.
It was time for me to be getting back to Rome.

"Εσείς οι Ρωμαίοι με τα μεγάλα σας σπαθιά και τα γρήγορα άρματα δεν είστε οι μόνοι που γνωρίζετε πώς να τιθασεύσετε ένα πλήθος," είπε.
"You Romans with your big swords and fast chariots aren't the only ones who know how to tame a crowd," she said.

Μου έκλεισε το μάτι για να μου δείξει ότι απλώς με πείραζε.
She winked to show me she was just teasing.

Αποφάσισα ότι θα της έλεγα τα νέα κάποια άλλη μέρα. Σήμερα ήταν ημέρα γιορτής.
I decided I would break the news on another day. Today was for celebration.

Η Ιστορία της Κλεοπάτρας, από την Τίμπυ
The Story of Cleopatra, by Tibby

"Φαινόντουσαν τόσο ευχαριστημένοι μαζί", σκέφτηκα, καθώς το άρμα που μετέφερε την Κλεοπάτρα και τον Ιούλιο Καίσαρα μπήκε στην Αλεξάνδρεια.
"They looked so happy together", I thought, as the chariot holding Cleopatra and Julius Caesar entered Alexandria.

Τα πλήθη των ανθρώπων που παρακολούθησαν την επιστροφή της Κλεοπάτρας στην πόλη ζητωκραύγαζαν με ενθουσιασμό.
The crowds of people who watched Cleopatra's return to the city were cheering madly with excitement.

Ήταν σαφώς ενθουσιασμένοι που η Βασίλισσα τους είχε γυρίσει ξανά.
They were clearly thrilled to have their Queen home again.

Ωστόσο, άθελα μου αναρωτιόμουν πόσο θα κρατούσε αυτή η χαρά.
However, I couldn't help questioning how long this happiness would last.

Είχα ακούσει φήμες ότι πρόσφατα ο Καίσαρας προετοίμαζε το στρατό του για μια γρήγορη αναχώρηση πίσω στη Ρώμη.
I had heard rumours recently that Caesar was preparing his army for a quick departure back to Rome.

Κανείς δεν θα μπορούσε να με κατηγορήσει για το ότι αναρωτιόμουν πώς θα επηρεάσει αυτό το γεγονός εμένα προσωπικά.
You couldn't blame me for wondering how this would affect me personally.

Θα έφευγε η Κλεοπάτρα και ολόκληρο το παλάτι της μαζί του;

Would Cleopatra and her entire palace household be leaving with him?

Αν και ήμουν μόνο η Τίμπυ, η υπηρέτρια, η παιδική μου φιλία με την Κλεοπάτρα είχε δημιουργήσει ένα ξεχωριστό δεσμό μεταξύ μας.
While I was only Tibby, the servant girl, my childhood friendship with Cleopatra had forged a special bond between us.

Είχαμε γίνει πολύ καλές φίλες.
We had become the closest of friends.

Μόνο ο χρόνος θα δείξει τι αλλαγές μπορεί να φέρει το μέλλον για εμάς.
Only time would tell what changes might be in store for us.

Δεν μπορούσα να μην ανησυχώ.
I couldn't help but worry.

Όλα συνέβαιναν τόσο γρήγορα.
Everything had happened so quickly.

Φαινόταν μόλις πριν από λίγες ημέρες που καταστρώναμε σχέδια με τη Βασίλισσα μου ενώ ήταν ακόμη στην εξορία.
It seemed just days ago, I had been planning with my Queen while she was still in exile.

Σκαρφιστήκαμε ένα σχέδιο που θα έστελνε τη νεαρή Φαραώ, Κλεοπάτρα, στον μεγάλο Ρωμαίο ηγέτη, τυλιγμένη σε ένα χαλί!
We hatched a plan that would have the young Pharaoh, Cleopatra, delivered to the great Roman leader, rolled up in a carpet!

Το σχέδιο είχε επιτυχία και τώρα είμαστε όλοι εδώ ασφαλείς πίσω στην Αλεξάνδρεια.

The plan had been successful and now here we all were safely back in Alexandria.

"Τι σκέφτεσαι Τίμπυ", ψιθύρισε μια φωνή στο αυτί μου.
"What are you thinking about Tibby", whispered a voice in my ear.

Γύρισα και είδα έναν όμορφο Ρωμαίο στρατιώτη να στέκεται δίπλα μου.
I turned to look at the handsome Roman soldier standing by my side.

Το όνομά του ήταν Τίτος.
His name was Titus.

Ο Τίτος και εγώ συναντηθήκαμε μόνο για λίγο πριν μερικές εβδομάδες στο στρατόπεδο του μεγάλου στρατού του Ιούλιου Καίσαρα.
Titus and I had met only a short few weeks ago at the campsite of Julius Caesar's great army.

Αμέσως συμπάθησε ο ένας τον άλλο, και γίναμε σχεδόν αχώριστοι.
Instantly drawn to each other, we had become almost inseparable.

Μου άρεσε πολύ η καμπύλη των μυωδών μπράτσων του και φαινόταν τόσο όμορφος στην πανοπλία του Ρωμαίου Λεγεωνάριου.
I loved the curve of his muscled arms and he looked so handsome in the armour of the Roman Legionnaire.

Δεν μπορούσα να αντισταθώ σε έναν άντρα με στολή και για να πω την αλήθεια, ο Τίτος μου θύμισε τον πατέρα μου.
I couldn't resist a man in uniform and if the truth were told, Titus reminded me of my own father.

Ο πατέρας μου ήταν στρατιώτης στον Αιγυπτιακό στρατό, ένα διάσημο ηνίοχος που είχε κερδίσει το σεβασμό του αιγυπτιακού λαού.
My father had been a soldier in the Egyptian army; a famous charioteer who had earned the respect of the Egyptian people.

Οι ηνίοχοι στην Αίγυπτο είχαν κερδίσει τόσο φόβο και σεβασμό και τους τιμούσαν οι πολίτες.
Both feared and respected, Egypt's charioteers were honoured citizens.

Δύο δυνατά άλογα εκπαιδευμένα για πόλεμο, έσερναν ένα άρμα που μετέφερε δύο γενναίους στρατιώτες.
A pair of strong horses trained for war, would pull a chariot carrying two brave soldiers.

Ενώ ο ένας οδηγούσε το άρμα, ο δεύτερος πολεμούσε, συνήθως με δόρυ ή τόξο και βέλη.
While one drove the chariot, the second would fight, usually with a spear or bow and arrow.

Οι Αιγύπτιοι στρατιώτες είχαν εξαιρετικό σημάδι.
Egyptian soldiers were great marksmen.

Μπορούσαν να χτυπήσουν ένα στόχο έως 600 πόδια μακριά.
They could hit a target up to 600 feet away.

Όταν ήμουν μικρό κορίτσι, που ζούσε στο οικογενειακό αγρόκτημα, θυμάμαι να κάθομαι στα γόνατα του πατέρα μου, ακούγοντας τις ιστορίες των μαχών που πολέμησε και κέρδισε.
When I was just a little girl, living on the family farm, I remember sitting at my father's knee listening to his tales of battles fought and won.

Ο πατέρας μου είχε λάβει ένα κομμάτι γης από το Φαραώ, Πτολεμαίο ΙΒ΄.

My father had been given a plot of land by the Pharaoh, Ptolemy XII.

Το δώρο ήταν πληρωμή για τα έτη υπηρεσίας στο τέλος της στρατιωτικής του καριέρας.
The gift was payment for his years of service at the end of his military career.

Ήταν σε αυτή τη γη που γεννήθηκα και πέρασα τα πρώτα χρόνια της ζωής μου.
It was on this land that I was born and where I spent the earlier years of my life.

Από την οροφή της οικογενειακής καλύβας, μπορούσαμε να δούμε το μεγάλο ποταμό Νείλο να ρέει από μακριά.
From the roof of the family hut we could see the great Nile River flowing by in the distance.

Το σκούρο πλούσιο χώμα στις όχθες αυτού του ποταμιού πρόσφερε γόνιμο έδαφος για τις σοδειές του πατέρα μου.
The dark rich soil on the banks of this river provided fertile ground for my father's crops.

Όταν οι ζεστές καλοκαιρινές νύχτες γίνονταν αφόρητες όλη μου η οικογένεια ανέβαινε πάνω στην ταράτσα να κοιμηθεί στο δροσερό νυχτερινό αέρα.
When hot summer nights became unbearable my whole family would climb up onto the rooftop to sleep in the cool night air.

Θυμάμαι που κοιτούσα ψηλά τον νυχτερινό ουρανό, με τα τρεμάμενα αστέρια που έμοιαζαν με διαμάντια.
I remember staring up into the midnight sky, ablaze with twinkling stars that looked like diamonds.

Καθισμένος δίπλα μου, ο πατέρας μου έλεγε, "Αν μπορούσα Τίμπυ, θα μάζευα αυτά τα διαμάντια και θα σου έφτιαχνα ένα

κόσμημα για το κεφάλι τόσο εκτυφλωτικό που ακόμα και η ίδια η Ίσιδα θα το ζήλευε!".
Sitting next to me, my father would say, "If I could Tibby, I would gather those diamonds and make you a headdress so dazzling that even Isis herself would be envious!".

Λίγα χρόνια αργότερα θυμόμουν τα λόγια του, αλλά δεν μου έδιναν καμία παρηγοριά.
A few years later I would remember his words, but they would give me no comfort.

Είχε έρθει ένα αίτημα από το μεγάλο Φαραώ τον ίδιο, τον Πτολεμαίο ΙΒ΄.
A request had come from the Great Pharaoh himself, Ptolemy XII.

Ήθελε μια συντροφιά για την νεαρή του κόρη, Κλεοπάτρα.
He wanted a companion for his young daughter, Cleopatra.

Επέλεξαν εμένα και στην τρυφερή ηλικία των μόνο εφτά χρονών, με έστειλαν στο παλάτι στην Αλεξάνδρεια.
I had been chosen and at the tender age of only VI, I was sent off to the palace in Alexandria.

Χωρίς αμφιβολία ο πατέρας μου σκεφτόταν τις ανέσεις της ζωής του παλατιού, που θα μου έδιναν την ασφάλεια που δεν μπορούσε να μου δώσει ο ίδιος.
No doubt my father thought that the comforts of palace life, would give me the security that he was unable to provide.

Οι πρώτες μου μέρες στο παλάτι ήταν γεμάτες δάκρυα, αλλά σύντομα το διακριτικό χιούμορ της Κλεοπάτρας με κέρδισε.
My first days in the palace were filled with tears, but soon Cleopatra's gentle humour won me over.

Γίναμε καλές φίλες.
We became best friends.

Μερικές φορές τα μεσάνυχτα πηγαίναμε στις μύτες των ποδιών στις μεγάλες κουζίνες του παλατιού για να κλέψουμε γλυκό ψωμί και μέλι.
Sometimes at midnight we would tip-toe down into the palace's great kitchens to steal sweetened breads and honey.

Τις περισσότερες φορές μας έβρισκαν με το πηγούνι και τα δάχτυλα γεμάτα από το χυμό ώριμων σύκων.
More than once we were caught with our chins and fingertips covered with the juice of ripened figs.

Εκείνες οι ανέμελες μέρες ήταν γεμάτες με ξέγνοιαστη διασκέδαση και περιπέτεια.
Those care-free days were filled with light-hearted fun and adventure.

Το πλήθος γύρω μου άρχισε να σκορπάει.
The crowd around me began to break up.

Ήταν μια πολυάσχολη μέρα στο παλάτι.
It would be a busy day in the palace.

Έπρεπε να κάνω πολλές δουλειές προτού ξεκινήσει η βραδινή γιορτή.
I needed to attend to many jobs before the evening feast began.

Κάποιοι περίεργοι κοιτούσαν καθώς αποχαιρετούσα τον Τίτο και χαιρετούσαν καθώς εξαφανίστηκε στη γωνία.
Curious eyes watched as I said good-bye to Titus and waved as he disappeared around the corner.

Ο λαός της Αλεξάνδρειας ήταν ενθουσιασμένος που επέστρεψε η αγαπημένη τους Φαραώ, αλλά ήταν ανήσυχοι με την παρουσία τόσων πολλών Ρωμαϊκών στρατευμάτων στην καρδιά της Αιγύπτου.

The people of Alexandria were excited to have their favourite Pharaoh back at home, but were anxious about the presence of so many Roman troops in the heart of Egypt.

Ήξερα ότι οι φόβοι τους σύντομα θα εξαφανιζόντουσαν.
I knew their fears would soon disappear.

Η Κλεοπάτρα κατάλαβε καλά τις ανάγκες του λαού της.
Cleopatra understood well the needs of her people.

Είχε δώσει ως δώρο στον Καίσαρα σημαντικά κονδύλια για την υποστήριξή του.
She had gifted Caesar with significant funds for his support.

Με τη σειρά του, ο Καίσαρας είχε γεμίσει τις τσέπες του με χρήματα για τους πιστούς στρατιώτες του.
In turn, Caesar had filled the pockets of his faithful soldiers with coins.

Τώρα οι ίδιοι αυτοί στρατιώτες θα ξόδευαν τα χρήματα τους εδώ καθώς προετοιμάζονταν για το ταξίδι πίσω στη Ρώμη.
Now these same soldiers would be spending their coins here as they prepared for their journey back to Rome.

Πράγματι, όλοι επωφελήθηκαν από αυτή τη νέα συμμαχία.
Indeed, everyone would profit from this new alliance.

Η ημέρα που φοβόμουν είχε τελικά έφτασε.
The day I was dreading had finally arrived.

Μεγάλες σειρές από Ρωμαίους λεγεωνάριους είχαν αρχίσει να παρελαύνουν έξω από την Αλεξάνδρεια νωρίτερα το πρωί.
Long columns of Roman legionnaires had begun their march out of Alexandria earlier in the morning.

Κατά το μεσημέρι και οι τελευταίοι στρατιώτες είχαν βγει από τις πύλες της πόλης.

By mid-day the last of the soldiers were exiting through the gates of the city.

Οι άμαξες τροφοδοσίας τους και τα άλογα τους ήταν προγραμματισμένο να φύγουν αργότερα το βράδυ.
A supply train of carts and their horses were slated to leave later in the evening.

Παρακολουθούσα την παρέλαση των στρατιωτών από ένα παράθυρο του παλατιού.
I had been watching the parade of soldiers from a palace window.

Ο Τίτος, η αγάπη μου, ήταν από τους πρώτους που έφυγαν από την Αλεξάνδρεια.
Titus, my love, had been one of the first to leave Alexandria.

Η συνάντησή μας την περασμένη νύχτα στο κήπους εντός των τειχών του παλατιού ήταν τόσο τρομερά θλιβερή αλλά αναμενόμενη.
Our meeting last night at the gardens inside the palace walls had been so terribly sad and yet expected.

Ο Τίτος ήταν ένας αγαπημένος και αξιόπιστος στρατιώτης του Καίσαρα και εγώ δεν ήμουν τίποτα παραπάνω από μια υπηρέτρια της Βασίλισσας μου.
Titus was a favoured and trusted soldier of Caesar's and I was nothing more than a servant to my Queen.

Κανείς μας δεν είχε επιλογή.
Neither of us had a choice.

Είχαμε καθήκον να υπηρετούμε τους ηγέτες μας πιστά και χωρίς ερωτήσεις.
We had a duty to serve each of our leaders faithfully and without question.

Καθώς σκεφτόμουν αυτό μια άλλη, ακόμη μεγαλύτερη, σκέψη κατέλαβε την καρδιά μου.
Just as the thought passed another, even greater one, occupied my heart.

Ξαφνικά με πλημμύρισε ένας νέος ενθουσιασμός.
I was suddenly filled with a new excitement.

Βγήκα γρήγορα από δωμάτιο ψάχνοντας την Βασίλισσα μου.
I scurried from the room in search of my Queen.

Τελικά την βρήκα να μπαίνει στην βιβλιοθήκη.
I finally found her entering the library.

Έκανα μια υπόκλιση γρήγορα και στη συνέχεια είπα, "Κλεοπάτρα, Βασίλισσα μου, μπορώ να σου μιλήσω σχετικά με ένα θέμα προσφιλές στην καρδιά μου;".
I bowed quickly and then blurted out, "Cleopatra, my Queen, may I speak with you on a subject dear to my heart?"

Η Βασίλισσα συμφώνησε και μου έκανε νόημα να μπω μαζί της στο δωμάτιο.
The Queen agreed and motioned for me to join her in the room.

"Για τι θα ήθελες να μιλήσουμε, αγαπημένη μου φίλη," ρώτησε η μεγάλη Φαραώ.
"What would you like to talk about, my dear friend," the great Pharaoh asked.

"Για την φιλία", είπα.
"Friendship," I said.

Για την επόμενη ώρα οι δυο μας μιλούσαμε στο δωμάτιο.
For the next hour the two of us talked in the room.

Η Βασίλισσα μου άκουγε, καθώς εγώ μιλούσα γρήγορα.

My Queen listened, as I spoke quickly.

Βγήκα από το δωμάτιο αργότερα με ένα διάπλατο χαμόγελο, που έκανε το πρόσωπο μου να λάμπει ολόκληρο.
I walked out of the room later with a smile, beaming on my face from ear to ear.

Όταν χωρίσαμε, η Κλεοπάτρα γέλασε και στη συνέχεια μίλησε.
As we parted, Cleopatra chuckled and then spoke.

"Ο Καίσαρας είναι σπουδαίος πολεμιστής, αλλά έχει επίσης και υπέροχη αίσθηση του χιούμορ".
"Caesar is a great warrior, but he also has a great sense of humour".

Τελείωσε τη φράση κλείνοντας μου το μάτι και έφυγε από το δωμάτιο.
She ended the sentence with a wink and left the room.

Εκείνη τη νύχτα, καθώς η Ρωμαϊκή άμαξα τροφοδοσίας έφευγε από την Αλεξάνδρεια, ακουγόταν ένα σιγανό γέλιο από την τρίτη άμαξα στη σειρά.
That night as the Roman supply train rolled out of Alexandria, a muffled laugh could be heard from the third cart in the procession.

Ήταν η άμαξα που κουβαλούσε τα έπιπλα για τις σκηνές του Καίσαρα και τους πιο έμπιστους στρατιώτες του!
It was the cart that carried furnishings for the tents of Caesar and his most trusted soldiers!

Η Ιστορία της Κλεοπάτρας, από την Εμπέκ
The Story of Cleopatra, by Ebek

Η Βασίλισσα Κλεοπάτρα και η υπηρέτρια της Τίμπυ είχαν λόγο να είναι θλιμμένες καθώς οι Ρωμαίοι έφευγαν από την Αλεξάνδρεια εκείνο το πρωί.
My Queen Cleopatra and her servant girl Tibby had good reason to be sad as the Romans marched out of Alexandria that morning.

Έτσι, εξεπλάγην, όταν τις είδα και τις δύο να γελάνε σαν νεαρά κορίτσια έξω από τη βιβλιοθήκη.
So I was surprised to see them both giggling like young girls outside of the library.

Τις ήξερα και τις δύο από παιδιά και μπορούσα να πω όταν η Κλεοπάτρα και η Τίμπυ σκάρωναν κάτι.
I had known these two since childhood and I could tell Cleopatra and Tibby were up to something.

"Εμπέκ", με κάλεσε η Κλεοπάτρα.
“Ebek,” Cleopatra called me over.

"Θέλω να πας με την Τίμπυ και να την βοηθήσεις να μαζέψει τα πράγματα της".
“I want you to go with Tibby and help gather her things.”

Ακολούθησα την Τίμπυ μέσα στο παλάτι και κάτω στις σκάλες για τον πρώτο όροφο, όπου είχε μια μικρή σουίτα δωματίων.
I followed Tibby through the palace and down the back stairs to the first floor where she had a small suite of rooms.

Η Τίμπυ ήταν η αγαπημένη υπηρέτρια και η Κλεοπάτρα της είχε δώσει ένα άνετο μέρος για να μένει.
Tibby was a favoured servant and Cleopatra had given her a comfortable place to call her own.

Αναρωτιόμουν πού θα μπορούσε να πηγαίνει η Τίμπυ;
I wondered to myself where Tibby could be going?

Επέλεξε να μαζέψει μόνο μερικά από τα πιο αγαπημένα αντικείμενα της και για ρούχα, πήρε μόνο όσα φορούσε.
She chose to pack only a few of her most prized possessions and for clothing, she took only what she was wearing.

Λοιπόν, οτιδήποτε και αν σχεδίαζε η Τίμπυ προφανώς θα έπαιρνε λίγες αποσκευές!
Well, whatever Tibby was up to she was obviously travelling light!

Σύντομα ήρθε η ώρα να πούμε αντίο.
Soon it was time to say good-bye.

Την συμπαθούσα πολύ και της ευχήθηκα ένα ασφαλές ταξίδι.
I was fond of her and wished her a safe journey.

Επειδή ήμουν σκλάβα μοιραζόμουν μόνο ένα μονόκλινο δωμάτιο με τη μητέρα μου.
Since I was a slave I shared only a single room with my mother.

Το δωμάτιο μας ήταν πολύ απλό στο σχεδιασμό του.
Our room was very simple in its design.

Δεν ήταν και τόσο φιλόξενο, όπως η σουίτα δωματίων της Τίμπυ, αλλά ήταν σπίτι.
Not quite as inviting as Tibby's suite of rooms, but it was home.

Ήμουν τυχερή που γεννήθηκα εδώ στο παλάτι και κάποια μέρα, και η μητέρα μου και εγώ θα κερδίζαμε την ελευθερία μας.
I was lucky to have been born here in the palace and someday, both my mother and I would earn our freedom.

Η μητέρα μου ήταν η καλλιτέχνης του παλατιού και το ταλέντο και οι ικανότητες της ήταν ξακουστές σε όλη την Αίγυπτο.
My mother was the palace artist and her talent and skills were celebrated throughout Egypt.

Η δουλειά της μητέρας μου ήταν να καλλιτεχνεί μεγάλες τοιχογραφίες σε όλους τους τοίχους του παλατιού.
Mother's job was to create great paintings on the walls throughout the palace.

Το παλάτι ήταν μεγάλο και η καημένη η μητέρα μου κουραζόταν για χρόνια φτιάχνοντας το ένα αριστούργημα μετά το άλλο για να ικανοποιήσει τα μάτια του Φαραώ και της οικογένειάς του.
The palace was large and my poor mother had laboured for years painting one masterpiece after another to please the eyes of the Pharaoh and his family.

Ο Πτολεμαίος ΙΒ΄, ο πατέρας της Κλεοπάτρας μας το είχε υποσχεθεί.
Ptolemy XII, Cleopatra's father had made us this promise;

Όταν τελείωνε η μητέρα μου τις τελευταίες τοιχογραφίες, θα μας χάριζε και τις δύο την ελευθερία μας.
When my mother finished working on the last of these paintings, he would grant us both our freedom.

Εργαζόταν στην τελευταία τοιχογραφία τώρα.
She was working on the final painting now.

Οι πλούσιες οικογένειες της Αλεξάνδρειας ήδη αναζητούσαν τις υπηρεσίες της γνωρίζοντας ότι σύντομα θα ήταν ελεύθερη.
The wealthy families of Alexandria were already requesting her services knowing that soon she would be free.

Και η μητέρα μου και εγώ θα ήμασταν άνετες όταν τελείωναν τα καθήκοντά μας στο παλάτι.
Both my mother and I would be comfortable when our duties at the palace came to an end.

Όσο για μένα, είχα δύο πολύ ιδιαίτερες δουλειές στο παλάτι της Κλεοπάτρας.
As for me, I had two very special jobs in the household of Cleopatra.

Το σημαντικότερο καθήκον μου ήταν ως βασιλικός δοκιμαστής του φαγητού της Φαραώ.
The most important task I performed was as the royal taster of the Pharaoh's food.

Παρακολουθούσα τους μάγειρες καθώς μαγείρευαν και βοηθούσα με την προετοιμασία όταν χρειαζόταν.
I would watch the cooks as they cooked and help with preparation as needed.

Όταν ολοκληρωνόταν η προετοιμασία του φαγητού έδινα ιδιαίτερη σημασία στο πιάτο της Βασίλισσας.
Once the meal preparation was complete I would pay special attention to the plate of the Queen.

Ήταν δική μου δουλειά να δοκιμάζω από κάθε φαγητό στο πιάτο.
It was my job to have a taste from each item on the plate.

Αν το φαγητό είχε δηλητηριαστεί εγώ θα ήμουν αυτή που θα υπέστην τις συνέπειες.
If the food had been poisoned I would be the one to suffer the consequences.

Τώρα αυτό μπορεί να ακούγεται επικίνδυνη εργασία, αλλά στην πραγματικότητα ο κίνδυνος για την υγεία μου ήταν ασήμαντος.

Now this might seem to be a dangerous job but in reality the risk to my health was minor.

Δεν υπήρχε κανείς, σε όλη την Αίγυπτο που να ήταν καλύτερα προστατευμένος από τη μεγάλη μας Φαραώ.
There was no one, in all of Egypt that was better protected than our great Pharaoh.

Όλα τα φαγητά ελέγχονταν καθώς ερχόντουσαν μέσα από τις πύλες του παλατιού και το προσωπικό της κουζίνας ήταν υπό στενή παρακολούθηση από τους στρατιώτες που είχαν ανατεθεί για υπηρεσία στην κουζίνα.
All foods were inspected as they came inside the palace gates and the kitchen staff was watched closely by the soldiers that were assigned to kitchen duty.

Στην πραγματικότητα, πιστεύω ότι η δουλειά μου ως δοκιμαστής ήταν καλή.
In fact, I considered my job as taster to be a good one.

Έτρωγα μόνο τα καλύτερα φαγητά και η διατροφή μου ήταν πολύ καλύτερη από αυτή των πλουσιότερων εμπόρων!
I ate only the best of foods and my diet was much better than the wealthiest of merchants!

Όταν δεν δοκίμαζα το φαγητό της Φαραώ, ήμουν με τη μητέρα μου.
When I wasn't tasting the Pharaoh's food, I was at my mother's side.

Την βοηθούσα να αναμιγνύει όλα τα χρώματα που χρησιμοποιούσε όταν καλλιτεχνούσε τις όμορφες τοιχογραφίες.
I had the task of mixing all the paints she used when creating her beautiful paintings.

Χρησιμοποιούσα ένα γουδί και γουδοχέρι για να κάνω τις μπογιές που δημιουργούσαν τα συναρπαστικά χρώματα για τα οποία ήταν διάσημη η μητέρα μου.
I would use a mortar and pestle to make the pigments that created the exciting colours my mother was famous for.

Το γουδί είναι ένα βαρύ μπολ από πέτρα και το γουδοχέρι είναι ένα εργαλείο με στρογγυλεμένη άκρη που χωρούσε εύκολα στην γροθιά μου.
The mortar is a heavy bowl made from stone and the pestle is a round ended crushing tool that fit easily into my fist.

Άλεθα κομμάτια πολύτιμων λίθων, φυτικών ινών και άλλα αντικείμενα, μέχρι να μετατραπούν σε σκόνη.
I ground chunks of precious stones, plant fibres and other items until they turned into a powder.

Οι διάφορες σκόνες, που ονομάζονται μπογιές χρησιμοποιούνταν τότε για να δημιουργήσουν τα όμορφα χρώματα που χρησιμοποιούσε η μητέρα μου για τις τοιχογραφίες.
The different powders, called pigments were then used to create the beautiful colours my mother used to paint her murals.

Οι συνταγές που χρησιμοποιούνταν για την δημιουργία χρωμάτων ήταν οικογενειακό μυστικό και το κρατούσα επτασφράγιστο.
The recipes used for making her paints were a family secret and guarded them carefully.

Αυτές τις συνταγές και το ταλέντο της μητέρας μου τελικά θα δημιουργήσουν μια ασφαλή ζωή για εμάς και για την μελλοντική μου οικογένεια.
These recipes and my mother's talent would eventually create a secure life for us and for my future family.

Λίγους μήνες αφού έφυγε η Τίμπυ από το παλάτι, προέκυψε μια ξαφνική αναστάτωση στη βασιλική κουζίνα.
A few months after Tibby left the palace, the royal kitchen was in a sudden uproar.

Η Βασίλισσα φέρεται να είχε ναυτίες κάθε πρωί την περασμένη εβδομάδα!
The Queen was reported to have been sick every morning for the past week!

Ήμουν τρομοκρατημένη.
I was horrified.

Όλα τα μάτια ήταν πάνω μου και με κατηγορούσαν ότι δεν έκανα σωστά τη δουλειά μου.
All eyes were on me and I was accused of not doing my job properly.

Κανείς δεν είχε πεθάνει, αλλά το είναι τόσο τρομερά άρρωστη μπορεί να σημαίνει μόνο ένα πράγμα.
No one had died but being so terribly sick could mean only one thing.

Η Βασίλισσα είχε δηλητηριαστεί αργά και ο βασιλικός δοκιμαστής απέτυχε οικτρά στο έργο του.
The Queen was being poisoned slowly and her royal taster was failing miserably at his job.

Δεν μπορούσα να καταλάβω.
I couldn't understand it.

Έπαιρνα τη δουλειά μου πολύ σοβαρά.
I took my job very seriously.

Όταν δούλευα στην κουζίνα βοηθώντας τους μάγειρες έδινα μεγάλη προσοχή στη λεπτομέρεια.
When I worked in the kitchen helping the cooks I paid close attention to detail.

Το καλό της Βασίλισσας μου ήταν πάντα η πρώτη μου προτεραιότητα.
My Queen's welfare was always my first priority.

Άρχισα να φοβάμαι για τον εαυτό μου και την μητέρα μου.
I began to fear for myself and my mother.

Μια δηλητηριασμένη Κλεοπάτρα θα μπορούσε να προκαλέσει προβλήματα για την ελευθερία που μας είχαν υποσχεθεί.
A poisoned Cleopatra could cause problems for our promised freedom.

Το τελικό αποτέλεσμα θα μπορούσε να είναι πολύ χειρότερο!
The final outcome could be far worse!

Οι ανησυχίες μου σύντομα καταλάγιασαν.
My worries were soon put to rest.

Όλως παραδόξως, ήταν η άρρωστη Βασίλισσα μου που μου έδωσε αυτή την πολυπόθητη ανακούφιση.
Strangely enough, it was my sick Queen who would bring me my much needed comfort.

Αρκετές μέρες μετά από τότε που ξεκίνησαν τα προβλήματα, μια πολύ χλωμή Βασίλισσα μπήκε στην κουζίνα.
Several days after all the trouble began, a very pale looking Queen walked into the kitchen.

Φαινόταν σαν να είχε σηκωθεί με το ζόρι από το κρεβάτι.
She looked as though she had just dragged herself out of bed.

Τα μαλλιά της ήταν ένα χάος και το δέρμα ήταν λευκό σαν κιμωλία.
Her hair was a total mess and her skin was as white as chalk.

Και οι μάγειρες και εγώ κατατρομάξαμε καθώς μιλούσε.
Both the cooks and I stepped back in horror as she spoke.

"Συγγνώμη, αγαπημένοι μου υπηρέτες, αλλά η Βασίλισσα σας επιθυμεί να φάει μια πίκλα".
"Excuse me, my dear servants, but your Queen is hungry for a pickle."

"Πίκλα;", ρώτησε ο επικεφαλής μάγειρας.
"A pickle," the head cook asked?

"Ναι", είπε η Βασίλισσα, και αν δεν υπάρχουν πίκλες στη βασιλική κουζίνα, και ένα παγωτό θα ήταν καλό".
"Yes, said the Queen, and if there are no pickles in the palace kitchen, ice cream will do."

Ενώ οι μάγειρες έτρεχαν μέσα στην κουζίνα για να αυτό που ζήτησε η Βασίλισσα, ένιωσα μια αυξανόμενη αίσθηση ανακούφισης.
While the cooks scurried about the kitchen responding to the Queen's requests, I felt a growing sense of relief.

Θα έπρεπε να ρωτήσω την μητέρα μου που είχε μεγαλύτερη εμπειρία με τα θέματα αυτά, αλλά κάτι μου έλεγε, ότι το μυστήριο της πρόσφατης ασθένειας της Φαραώ επρόκειτο να λυθεί.
I would have to consult with my mother as she had more experience with these matters, but something told me, the mystery of the Pharaoh's recent illness was about to be solved.

Η Βασίλισσα, νομίζω ήταν έγκυος.
The Queen, I believed was with child.

Η Κλεοπάτρα θα αποκτούσε μωρό!
Cleopatra was going to have a baby!

Οι υποψίες μου είχαν αποδειχθεί σωστές.

My suspicions were proven correct.

Μετά από λίγο καιρό η Βασίλισσα μου, η Κλεοπάτρα Ζ΄, γέννησε ένα πρίγκιπα, ένα αγόρι που αργότερα ονομάστηκε Καισαρίωνας.
In good time my Queen, Cleopatra VII, gave birth to a prince; a boy who was later named Caesarion.

Ο πατέρας του ήταν, φυσικά, ο σπουδαίος Ιούλιος Καίσαρας.
The father was of course, the great Julius Caesar.

Η γέννηση του Καισαρίωνα συνέπεσε με την ίδια μέρα που η μητέρα μου ολοκλήρωσε την τεράστια τοιχογραφία στην μεγάλη αίθουσα.
The birth of Caesarion came the very same day my mother completed the huge painting in the great hall.

Όπως μας το είχαν υποσχεθεί και η μητέρα μου και εγώ ήμασταν πλέον ελεύθερες και μπορούσαμε να φύγουμε από το παλάτι.
As promised both my mother and I were freed from our slavery and permitted to leave the palace.

Η Ζωή της Κλεοπάτρας

Ο δρόμος προς το στρατόπεδο του Ιουλίου Καίσαρα ήταν δύσκολος και γεμάτος λακκούβες. Πήγαινα πέρα δώθε στο πίσω μέρος της άμαξας σαν μια τσάντα γεμάτη κουρέλια. Πώς στον κόσμο, θα μπορούσε η Βασίλισσα της Αιγύπτου, ηγεμόνας του πιο προηγμένου πολιτισμού της εποχής μας, να βρεθεί σε μια τέτοια θέση; Ήμουν εδώ, τυλιγμένη σε ένα Περσικό χαλί, συσκευασμένο σφιχτά ανάμεσα σε σάκους με σιτηρά, σε ένα κιβώτιο με λαχανικά και μια ντουζίνα κλουβιά από κότες που κακάριζαν. Πώς ακριβώς έφτασα ως εδώ; Έκλεισα για λίγο τα μάτια μου και άφησα το μυαλό μου να αναπολήσει στο παρελθόν σε καλύτερες εποχές.

Μέσα από το ανοιχτό παράθυρο του δωματίου μου μπορούσα να δω την όμορφη πόλη της Αλεξάνδρειας σε όλη την υπέροχη δόξα της. Πέρα από την πόλη και προς την θάλασσα ένας ψηλός φάρος στο νησί Φάρος καθοδηγούσε τα πολλά πλοία που εισήλθαν στο λιμάνι μας. Ο φάρος ήταν φτιαγμένος από λευκό μάρμαρο. Είχε ύψος εκατόν πενήντα μέτρα. Οι ναυτικοί ισχυρίζονταν ότι μπορούσαν να τον δουν να στέκεται εκεί από πενήντα χιλιόμετρα μακριά. Η θέα αυτής της μεγάλης πόλης με τις μεγάλες λεωφόρους και τα μεγαλοπρεπή κτίρια με συνεπήρε. Αυτή ήταν η πόλη που έχτισε ο Μέγας Αλέξανδρος και τώρα ήταν δική μου!

Για μια στιγμή χρειάστηκε να με τσιμπήσω μόνο και μόνο για να καθαρίσω το μυαλό μου. Όλα είχαν γίνει τόσο γρήγορα και τώρα σε ηλικία μόνο 18 ετών, είχα γίνει η Βασίλισσα, η μεγάλη Φαραώ της Αιγύπτου. Ξαφνικά τις σκέψεις μου διέκοψε ο ήχος κάποιας κίνησης στην πόρτα του δωματίου μου. Είχαν φτάσει οι υπηρέτριες μου.

Είχαν έρθει για να με ντύσουν με τα νέα μου ρούχα που ταίριαζαν με τον τίτλο μου ως Φαραώ. Όταν παρατήρησα πολύχρωμα υφάσματα ανάμεσα στα ρούχα, οι υπηρέτριες μου γρήγορα μου υπενθύμισαν τη νέα μου θέση. "Μόνο οι κοινές γυναίκες φορούν λευκά, Βασίλισσα μου. Εσείς θα φοράτε χιτώνα, από τα καλύτερα Ελληνικά υφάσματα, κεντημένο στις άκρες και βαμμένα με έντονα και ζωντανά χρώματα. Το φόρεμα σας θα δένει στη μέση με μια ζώνη φτιαγμένη από δέρμα και στολισμένη με πολύτιμα πετράδια". Ο φωτεινός χιτώνας ήταν ένα ραμμένο φόρεμα. Ήταν πιο επίσημος από τις τηβέννους που φορούσαν και οι δύο υπηρέτριες μου. Οι τήβεννοι απλά τυλίγονταν γύρω από το σώμα τους και έδεναν στο ύψος του ώμου.

Η νεαρή κοπέλα που μιλούσε σταμάτησε ξαφνικά, έσκυψε λίγο και έκανε μερικά βήματα προς τα πίσω από σεβασμό προς την Βασίλισσα της. "Με συγχωρείτε, Υψηλοτάτη μου, για την φλυαρία μου," είπε.

Το όνομά της ήταν Τίμπυ. Ήμασταν πολύ καλές φίλες από τότε που ήμασταν μικρά κορίτσια. Αλλά τώρα, με την ξαφνική μου νέα ιδιότητα, η φιλία μας είχε γίνει πολύ πιο τυπική. Μου έλειπαν οι παλιές ημέρες που γελούσαμε, τρέχαμε και χασκογελούσαμε χωρίς έγνοιες. Θυμήθηκα πώς συνηθίζαμε να πειράζουμε τον νεαρό σκλάβο που ήταν ο προσωπικός μου δοκιμαστής φαγητών. Ήταν δική του δουλειά να δοκιμάζει κομμάτια από το φαγητό μου πριν από εμένα, για να βεβαιωθεί ότι δεν είχαν δηλητήριο. Ήταν ένα πολύ χαριτωμένο αγόρι. Η Τίμπυ έλεγε ότι ο δοκιμαστής του φαγητού μου ήταν και ο ίδιος πολύ νόστιμος! Μερικές φορές, όταν έμπαινε μέσα, σκάγαμε στα γέλια.

Αφού έφυγαν η Τίμπυ και το άλλο κορίτσι άρχισα να σκέφτομαι για τη νέα μου θέση. Η ζωή δεν ήταν πλέον γεμάτη με πολύωρα απογευματινά μπάνια σε γάλα ξαπλωμένη σε μια πολυτελή μαρμάρινη μπανιέρα. Το φλερτ με τα νόστιμα αγόρια-δοκιμαστές ήταν διασκεδαστικό αλλά τώρα ... είχα κληρονομήσει το θρόνο από τον πατέρα μου, τον Πτολεμαίο ΙΒ΄. Μόλις είχα μπει στην εφηβεία και, σαν να μην ήταν αυτό ήδη αρκετό για να ανησυχώ, μου είχε δοθεί η σπουδαία αποστολή να κυβερνώ την χώρα μου. Ακόμη χειρότερα, έπρεπε να το κάνω με τη βοήθεια του δεκάχρονου αδερφού μου! Το όνομά του ήταν Πτολεμαίος ΙΓ΄. Επιτρέψτε μου να καταστήσω απόλυτα σαφές από την αρχή ότι οι δύο μας δεν τα πηγαίναμε καλά παρόλο που έπρεπε να παρουσιάζουμε το αντίθετο. Η αλήθεια είναι ότι και μόνο που τον έβλεπα ανατρίχιαζα ολόκληρη. Δεν ξέρω πόσες φορές τον βρήκα στο δωμάτιο μου να ψαχουλεύει τα πράγματα μου. "Βγες έξω από το δωμάτιο μου, Πτολεμαίε"! φώναζα.

Οπότε ... τώρα ο αδελφός μου είχε γίνει ακόμα μεγαλύτερο πρόβλημα. Δεν ήταν πλέον μόνο ο αδερφός μου, "ο ενοχλητικός". Ο Πτολεμαίος τώρα επιθυμούσε τη δουλειά που μοιραστήκαμε, όλη για τον εαυτό του. Υποπτευόμουν ότι οι κακοί κηδεμόνες του ήταν πίσω από αυτή την απαίσια ιδέα. Η νέα αυτή απειλή ήταν σοβαρή και ο Πτολεμαίος είχε το δικό του στρατό για να το κάνει πράξη! Έτσι τώρα βρέθηκα αντιμέτωπη με το πρώτο μου πραγματικά μεγάλο πρόβλημα ως Φαραώ. Πώς θα πρέπει να ασχοληθώ με τον κακομαθημένο μου αδερφό και την απειλή του προς την εξουσία μου;

Και τώρα, ένα χρόνο αργότερα, όλα είχαν γίνει χειρότερα. Ο αδελφός μου είχε κερδίσει τον πρώτο γύρο και εγώ ζούσα εξόριστη μακριά από την αγαπημένη μου Αλεξάνδρεια. Χθες, η Τίμπυ επέστρεψε από την αγορά και μου είπε τα νέα για έναν νέο άντρα στην γειτονιά. Δεν ήταν μόνο όμορφος, "ονειρεμένος", είπε, είχε επίσης και στρατό. "Οδηγούσε το πιο μεγάλο και γρήγορο άρμα που έχω δει ποτέ" ανακοίνωσε η Τίμπυ, "και αυτή η Ρωμαϊκή θωρακική πανοπλία που φορούσε ήταν τόσο εντυπωσιακή!".

Ήταν ο Ιούλιος Καίσαρας και ήταν εδώ, είχε κατασκηνώσει ακριβώς μπροστά μου! Θα μπορούσε να είναι καλύτερο από αυτό; Χρειαζόμουν έναν σύμμαχο και από το πουθενά, εμφανίστηκε αυτός.

Σιγά σιγά το σχέδιο άρχισε να παίρνει μορφή. Έπρεπε να επικοινωνήσω με τον Ιούλιο Καίσαρα, χωρίς να με δουν. Έστειλα την Τίμπυ πίσω στην αγορά για να συγκεντρώσει πληροφορίες. Βρήκε έναν έμπορο χαλιών, ο οποίος είχε επαφή με τους Ρωμαίους. Για λίγα νομίσματα ήταν διατεθειμένος να κάνει μια πολύ ιδιαίτερη παράδοση.

Και έτσι λοιπόν κατέληξα να πηγαίνω πέρα δώθε σε μια άβολη άμαξα, τυλιγμένη σε ένα μάλλινο χαλί. Όταν τελικά φτάσαμε στο στρατόπεδο του Ιουλίου Καίσαρα άκουγα τους στρατιώτες του να μιλούν δυνατά καθώς ξεφόρτωναν τα είδη από την άμαξα. Μέσα σε λίγα λεπτά ένιωσα το χαλί να κινείται καθώς με σήκωσαν και με μετέφεραν στη σκηνή του μεγάλου Ρωμαίου ηγέτη. Όταν το χαλί έπεσε στο πάτωμα και ξεδιπλώθηκε, κράτησα την αναπνοή μου.

Ήξερα ότι αυτό που θα επακολουθούσε θα άλλαζε την πορεία της ζωής μου. Θα με συμπαθούσε; Θα τον συμπαθούσα; Θα καταφέρναμε να ενώσουμε τις δυνάμεις μας όπως το είχα σχεδιάσει; Ξαφνικά κοίταξα προς τα πάνω και τον είδα, ένας δυνατός και όμορφος στρατιώτης. Οι ματιές μας συναντήθηκαν και αμέσως κατάλαβα ότι μαζί, ο Ιούλιος Καίσαρας και εγώ, η Κλεοπάτρα Ζ΄ θα γράφαμε ιστορία!

Η ιστορία της Κλεοπάτρας, από τον Ιούλιο Καίσαρα

Σαν ένας νεαρός άνδρας που μεγάλωνε στην αρχαία Ρώμη γρήγορα ανακάλυψα την απέχθεια που ένιωθαν οι απλοί άνθρωποι για την αριστοκρατία, σαν και μένα. Οι σαρκασμοί και το βλοσυρό ύφος στα πρόσωπα των ανθρώπων ήταν παντού όπου και αν πήγαινα. Θυμάμαι που περπατούσα στην αγορά μία ημέρα και άκουσα κατά λάθος μια συνομιλία μεταξύ δύο εμπόρων. Έλεγαν μεταξύ τους αστεία.

"Τι έχει έξι τροχούς και πετάει;", είπε ο πρώτος έμπορος. "Το καλάθι σκουπιδιών", φώναξε και γέλασε δυνατά και για πολύ ώρα. "Ποιος διαδέχτηκε τον πρώτο Ύπατο;" αστειεύτηκε ο δεύτερος έμπορος. Ο άλλος απλά κοιτούσε απορημένος και δεν είπε τίποτα. "Ο δεύτερος", είπε απαντώντας στη δική του ερώτηση και με αυτό, και οι δύο άντρες γύρισαν τα μάτια και ανασήκωσαν τους ώμους.

Ήταν προφανές ότι δεν υπήρχε και μεγάλη αγάπη προς τους μεγάλους ηγέτες της χώρας μας. Κάθε χρόνο, η σύγκλητος όριζε δύο νέους Ύπατους για να καθοδηγήσουν τη χώρα. Επιλέγονταν δύο έτσι ώστε κανένα μεμονωμένο άτομο να μην έχει πολύ μεγάλη εξουσία. Όλοι οι Συγκλητικοί και οι Ύπατοι προέρχονταν από αριστοκρατικές οικογένειες της Ρώμης.

Ήταν αυτού του είδους της δυσπιστίας που με ακολούθησε σε όλη μου τη ζωή ως νέος. Η χώρα ήταν ένα μεγάλο χάος και, φυσικά, οικογένειες όπως η δική μου είχαν κατηγορηθεί για όλα τα λάθη και τα προβλήματα. Αλλά κανείς δεν ήξερε εκείνη την εποχή, ότι εγώ, ο Ιούλιος Καίσαρας, κάποια μέρα θα έλυνα τα προβλήματα της χώρας μου. Σύντομα, θα έπαιρνα ένα σπαθί, θα έμπαινα στο στρατό και τελικά θα ίδρυα μια στρατιωτική δικτατορία. Αλλά αυτό ήταν στο μέλλον και είχα μακρύ δρόμο να διανύσω και μάχες να δώσω προτού συμβούν όλα αυτά. Ως νεαρός στρατιώτης, ήρθα, είδα και κατάκτησα πολλές περιοχές της Ασίας και της Μέσης Ανατολής. Οι στρατοί μου πολέμησαν σκληρά και με γενναιότητα. Η Ρωμαϊκή Αυτοκρατορία αναπτύχθηκε αστραπιαία λόγω των προσπαθειών μου. Απόλαυσα εκείνες τις ημέρες στο πεδίο της μάχης και πάντα τις θυμάμαι ως τις καλύτερες μέρες της ζωής μου!

Μετά από μια κουραστική μέρα στο πεδίο της μάχης οι στρατιώτες υπό την εντολή μου έτρωγαν και χαλάρωναν. Τα συσσίτια για τους Ρωμαίους στρατιώτες μας ήταν πάντα καλά σχεδιασμένα. Τα συσσίτια αποτελούνταν κυρίως από σιτηρά· δηλαδή καλαμπόκι, σιτάρι και κριθάρι. Τα σιτηρά ήταν αλεσμένα και χρησιμοποιούνταν για να φτιάξουν ψωμί, χυλό και ζυμαρικά. Το κρέας ήταν συνήθως το μπέικον και ήταν αλατισμένο για να διατηρείται. Επίσης είχαμε τυρί και κρασί στη διάθεσή μας. Το κρασί ήταν πάντα νερωμένο φυσικά. Οι στρατιώτες είχαν αρκετά για να είναι σε φόρμα για τη μάχη, αλλά μερικές φορές λιγουρεύονταν γλυκό. "Δεν μπορούμε να ζούμε μόνο με ψωμί", παραπονιόταν οι στρατιώτες συχνά. "Αισθανόμαστε σαν να μας εκπαιδεύουν για τους Ολυμπιακούς Αγώνες".

Εγώ, φυσικά, αγνοούσα τις εκκλήσεις τους επειδή ήξερα κάτι παραπάνω. Μια υγιεινή διατροφή σήμαινε πιο δυνατούς στρατιώτες και με μεγαλύτερη διάρκεια ζωής. Πολλά χρόνια ζωής, θα ήθελα να προσθέσω, κατά την διάρκεια των οποίων θα μπορούσα να συλλέγω τις καλές τους συντάξεις.

Ένα βράδυ, χρόνια αργότερα, βρέθηκα στη γη της Αιγύπτου. Αυτό το συγκεκριμένο βράδυ ήταν ζεστό και με πολύ υγρασία, όπως και κάθε άλλη νύχτα από τότε που έφτασα εκεί. Είχαμε δώσει και κερδίσει τις μάχες μας. "Ήρθε η ώρα να φύγουμε από εδώ και να επιστρέψουμε στη Ρώμη", σκέφτηκα. Είχα βαρεθεί απλά να κάθομαι εκεί και ήμουν έτοιμος για δράση. Αλλά, επίσης, ανησυχούσα για την έλλειψη χρημάτων. Ο στρατός γινόταν όλο και πιο ανήσυχος και ήξερα ότι θα έπρεπε να πληρώσω στους στρατιώτες μου τα χρήματα που τους χρωστούσα σύντομα. Αυτή η τελευταία εκστρατεία εναντίον της Πομπηίας ήταν ακριβή. Έπρεπε να κυνηγήσουμε την Πομπηία έξω από τη Ρώμη και μέχρι και την Αίγυπτο.

Τώρα το πολεμικό μου σεντούκι, που κάποτε ήταν ασφυκτικά γεμάτο, είχε σχεδόν αδειάσει εντελώς.

"Μπα!". είπα φωναχτά ξαφνιάζοντας τους στρατιώτες που μόλις είχε μπει στην σκηνή. Μετέφεραν ένα σκονισμένο τυλιγμένο χαλί. "Τι είναι αυτό;". φώναξα. Η διάθεση μου ήταν άσχημη και το μόνο που σκεφτόμουν ήταν να τα μαζέψω και να φύγω. Άλλο ένα χαλί στη σκηνή ήταν γελοίο! Κοιτούσα λυπημένος, καθώς το χαλί έπεφτε στο πάτωμα και ξετυλιγόταν. Αρκετά με αυτές τις ανοησίες! Όποιος είχε την ευθύνη θα έπρεπε να δώσει εξηγήσεις!

Αλλά τότε το σαγόνι μου έπεσε καθώς είδα τι έβγαινε μέσα από το χαλί. Μια όμορφη γυναίκα! Προσγειώθηκε στα πόδια μου και με κοιτούσε με αθωότητα στα μάτια. Το βλέμμα μας έμεινε καρφωμένο και για μια στιγμή, ο χρόνος έμοιαζε να έχει σταματήσει.

Ήξερα αμέσως ότι αυτή δεν ήταν μια συνηθισμένη σκλάβα. Ήταν ντυμένη με πολύχρωμα ρούχα που προορίζονται μόνο για τις πλούσιες Αιγύπτιες των ισχυρών οικογενειών. Ένα χρυσό φυλαχτό ήταν τυλιγμένο ψηλά στο μπράτσο της και η ζώνη της ήταν στολισμένη με πολύχρωμα πετράδια. Ήταν η Κλεοπάτρα, η εξόριστη Βασίλισσα της Αιγύπτου.

Ξαφνικά ένα βαρετό απόγευμα σε μια ξένη γη μετατράπηκε σε μια νύχτα με απεριόριστες δυνατότητες. Η διάθεση μου άλλαξε αμέσως. Το ήρθα, είδα, κατάκτησα επρόκειτο να αποκτήσει νέα έννοια! Αλλά ποιος ακριβώς θα κατακτούσε ποιον, σκέφτηκα, καθώς η νύχτα άρχισε να γίνεται ρομαντική. Το γεγονός ότι η Κλεοπάτρα είχε χρήματα ήταν πολύ ενδιαφέρον για μένα και όπως αποδείχθηκε ο στρατός που διοικούσα είχε μεγάλο ενδιαφέρον για την Κλεοπάτρα και τα σχέδιά της. Καθώς τα βλέμματα μας ήταν καρφωμένα, οι δυο μας μαγνητίσαμε ο ένας τον άλλο. Οι επόμενες εβδομάδες επρόκειτο να είναι τόσο διασκεδαστικές όσο και ικανοποιητικές.

Ένιωθα σαν Αυτοκράτορας καθώς μπαίναμε στην πόλη της Αλεξάνδρειας με την Κλεοπάτρα στο πλευρό μου. Στεκόμασταν ψηλά στο μεγάλο μου Ρωμαϊκό άρμα και φαινόμασταν εντυπωσιακό ζευγάρι. Σήμερα φορούσε ένα διακοσμητικό στο κεφάλι της τόσο μαγευτικό που φαινόταν σαν τη θεά Ίσιδα. Ήταν ξεκάθαρο ότι ο λαός της την λάτρευε.
Τις τελευταίες εβδομάδες είχα μάθει πολλά για αυτή την τολμηρή νέα βασίλισσα.
Ενώ οι περισσότερες από τις αριστοκρατικές οικογένειες στην Αίγυπτο μιλούσαν μόνο ελληνικά, η Κλεοπάτρα είχε επιλέξει να μάθει Αιγυπτιακά, την κοινή γλώσσα των ανθρώπων που κυβερνούσε. Ήταν μία ισχυρή Φαραώ και ήμουν περήφανος που θα χρησιμοποιούσα τον στρατό μου για να την γυρίσω πίσω στην Αλεξάνδρεια, όπου ανήκε. Η μάχη με τον αδελφό της, τον Πτολεμαίο ΙΓ΄, ήταν σκληρή, αλλά η ήττα του ήταν συντριπτική. Μπορούσα να τον δω να τρέχει μακριά μου από τους στρατούς με την ουρά ανάμεσα στα σκέλια, και αποφασισμένο να μην επιστρέψει ποτέ ξανά.

Εκείνη στράφηκε προς εμένα, ένα μεγάλο χαμόγελο ανάμεσα στα χείλη της και πάλι έγινε η κοπέλα που με το φλερτ της μου είχε κλέψει την καρδιά μόλις λίγες εβδομάδες πριν. Πέρασε το χέρι της πάνω από το δικό μου λέγοντας μου ψιθυριστά στο αυτί. "Τώρα τι γνώμη έχεις για την μικρή σου βασίλισσα;" το παιχνιδιάρικο χαμόγελο της μου έλιωσε την καρδιά.
Στεναχωρήθηκα γνωρίζοντας ότι θα έπρεπε να της πω τα νέα σύντομα. Ήρθε η ώρα να επιστρέψω στη Ρώμη.
"Εσείς οι Ρωμαίοι με τα μεγάλα σας σπαθιά και τα γρήγορα άρματα δεν είστε οι μόνοι που γνωρίζετε πώς να τιθασεύσετε ένα πλήθος," είπε. Μου έκλεισε το μάτι για να μου δείξει ότι απλώς με πείραζε. Αποφάσισα ότι θα της έλεγα τα νέα κάποια άλλη μέρα. Σήμερα ήταν ημέρα γιορτής.

Η Ιστορία της Κλεοπάτρας, από την Τίμπυ

"Φαινόντουσαν τόσο ευχαριστημένοι μαζί", σκέφτηκα, καθώς το άρμα που μετέφερε την Κλεοπάτρα και τον Ιούλιο Καίσαρα μπήκε στην Αλεξάνδρεια. Τα πλήθη των ανθρώπων που παρακολούθησαν την επιστροφή της Κλεοπάτρας στην πόλη ζητωκραύγαζαν με ενθουσιασμό. Ήταν σαφώς ενθουσιασμένοι που η Βασίλισσα τους είχε γυρίσει ξανά.

Ωστόσο, άθελα μου αναρωτιόμουν πόσο θα κρατούσε αυτή η χαρά. Είχα ακούσει φήμες ότι πρόσφατα ο Καίσαρας προετοίμαζε το στρατό του για μια γρήγορη αναχώρηση πίσω στη Ρώμη. Κανείς δεν θα μπορούσε να με κατηγορήσει για το ότι αναρωτιόμουν πώς θα επηρεάσει αυτό το γεγονός εμένα προσωπικά. Θα έφευγε η Κλεοπάτρα και ολόκληρο το παλάτι της μαζί του;

Αν και ήμουν μόνο η Τίμπυ, η υπηρέτρια, η παιδική μου φιλία με την Κλεοπάτρα είχε δημιουργήσει ένα ξεχωριστό δεσμό μεταξύ μας. Είχαμε γίνει πολύ καλές φίλες. Μόνο ο χρόνος θα δείξει τι αλλαγές μπορεί να φέρει το μέλλον για εμάς. Δεν μπορούσα να μην ανησυχώ.

Όλα συνέβαιναν τόσο γρήγορα. Φαινόταν μόλις πριν από λίγες ημέρες που καταστρώναμε σχέδια με τη Βασίλισσα μου ενώ ήταν ακόμη στην εξορία. Σκαρφιστήκαμε ένα σχέδιο που θα έστελνε τη νεαρή Φαραώ, Κλεοπάτρα, στον μεγάλο Ρωμαίο ηγέτη, τυλιγμένη σε ένα χαλί! Το σχέδιο είχε επιτυχία και τώρα είμαστε όλοι εδώ ασφαλείς πίσω στην Αλεξάνδρεια.

"Τι σκέφτεσαι Τίμπυ", ψιθύρισε μια φωνή στο αυτί μου. Γύρισα και είδα έναν όμορφο Ρωμαίο στρατιώτη να στέκεται δίπλα μου.
Το όνομά του ήταν Τίτος. Ο Τίτος και εγώ συναντηθήκαμε μόνο για λίγο πριν μερικές εβδομάδες στο στρατόπεδο του μεγάλου στρατού του Ιούλιου Καίσαρα. Αμέσως συμπάθησε ο ένας τον άλλο, και γίναμε σχεδόν αχώριστοι.

Μου άρεσε πολύ η καμπύλη των μυωδών μπράτσων του και φαινόταν τόσο όμορφος στην πανοπλία του Ρωμαίου Λεγεωνάριου. Δεν μπορούσα να αντισταθώ σε έναν άντρα με στολή και για να πω την αλήθεια, ο Τίτος μου θύμισε τον πατέρα μου. Ο πατέρας μου ήταν στρατιώτης στον Αιγυπτιακό στρατό, ένα διάσημο ηνίοχος που είχε κερδίσει το σεβασμό του αιγυπτιακού λαού.

Οι ηνίοχοι στην Αίγυπτο είχαν κερδίσει τόσο φόβο και σεβασμό και τους τιμούσαν οι πολίτες. Δύο δυνατά άλογα εκπαιδευμένα για πόλεμο, έσερναν ένα άρμα που μετέφερε δύο γενναίους στρατιώτες. Ενώ ο ένας οδηγούσε το άρμα, ο δεύτερος πολεμούσε, συνήθως με δόρυ ή τόξο και βέλη. Οι Αιγύπτιοι στρατιώτες είχαν εξαιρετικό σημάδι. Μπορούσαν να χτυπήσουν ένα στόχο έως 600 πόδια μακριά.

Όταν ήμουν μικρό κορίτσι, που ζούσε στο οικογενειακό αγρόκτημα, θυμάμαι να κάθομαι στα γόνατα του πατέρα μου, ακούγοντας τις ιστορίες των μαχών που πολέμησε και κέρδισε. Ο πατέρας μου είχε λάβει ένα κομμάτι γης από το Φαραώ, Πτολεμαίο ΙΒ΄. Το δώρο ήταν πληρωμή για τα έτη υπηρεσίας στο τέλος της στρατιωτικής του καριέρας. Ήταν σε αυτή τη γη που γεννήθηκα και πέρασα τα πρώτα χρόνια της ζωής μου.

Από την οροφή της οικογενειακής καλύβας, μπορούσαμε να δούμε το μεγάλο ποταμό Νείλο να ρέει από μακριά. Το σκούρο πλούσιο χώμα στις όχθες αυτού του ποταμιού πρόσφερε γόνιμο έδαφος για τις σοδειές του πατέρα μου. Όταν οι ζεστές καλοκαιρινές νύχτες γίνονταν αφόρητες όλη μου η οικογένεια ανέβαινε πάνω στην ταράτσα να κοιμηθεί στο δροσερό νυχτερινό αέρα.

Θυμάμαι που κοιτούσα ψηλά τον νυχτερινό ουρανό, με τα τρεμάμενα αστέρια που έμοιαζαν με διαμάντια.
Καθισμένος δίπλα μου, ο πατέρας μου έλεγε, "Αν μπορούσα Τίμπυ, θα μάζευα αυτά τα διαμάντια και θα σου έφτιαχνα ένα κόσμημα για το κεφάλι τόσο εκτυφλωτικό που ακόμα και η ίδια

η Ίσιδα θα το ζήλευε!". Λίγα χρόνια αργότερα θυμόμουν τα λόγια του, αλλά δεν μου έδιναν καμία παρηγοριά. Είχε έρθει ένα αίτημα από το μεγάλο Φαραώ τον ίδιο, τον Πτολεμαίο ΙΒ΄. Ήθελε μια συντροφιά για την νεαρή του κόρη, Κλεοπάτρα. Επέλεξαν εμένα και στην τρυφερή ηλικία των μόνο εφτά χρονών, με έστειλαν στο παλάτι στην Αλεξάνδρεια. Χωρίς αμφιβολία ο πατέρας μου σκεφτόταν τις ανέσεις της ζωής του παλατιού, που θα μου έδιναν την ασφάλεια που δεν μπορούσε να μου δώσει ο ίδιος.

Οι πρώτες μου μέρες στο παλάτι ήταν γεμάτες δάκρυα, αλλά σύντομα το διακριτικό χιούμορ της Κλεοπάτρας με κέρδισε. Γίναμε καλές φίλες. Μερικές φορές τα μεσάνυχτα πηγαίναμε στις μύτες των ποδιών στις μεγάλες κουζίνες του παλατιού για να κλέψουμε γλυκό ψωμί και μέλι. Τις περισσότερες φορές μας έβρισκαν με το πηγούνι και τα δάχτυλα γεμάτα από το χυμό ώριμων σύκων. Εκείνες οι ανέμελες μέρες ήταν γεμάτες με ξέγνοιαστη διασκέδαση και περιπέτεια.

Το πλήθος γύρω μου άρχισε να σκορπάει. Ήταν μια πολυάσχολη μέρα στο παλάτι. Έπρεπε να κάνω πολλές δουλειές προτού ξεκινήσει η βραδινή γιορτή. Κάποιοι περίεργοι κοιτούσαν καθώς αποχαιρετούσα τον Τίτο και χαιρετούσαν καθώς εξαφανίστηκε στη γωνία. Ο λαός της Αλεξάνδρειας ήταν ενθουσιασμένος που επέστρεψε η αγαπημένη τους Φαραώ, αλλά ήταν ανήσυχοι με την παρουσία τόσων πολλών Ρωμαϊκών στρατευμάτων στην καρδιά της Αιγύπτου.

Ήξερα ότι οι φόβοι τους σύντομα θα εξαφανιζόντουσαν. Η Κλεοπάτρα κατάλαβε καλά τις ανάγκες του λαού της. Είχε δώσει ως δώρο στον Καίσαρα σημαντικά κονδύλια για την υποστήριξή του. Με τη σειρά του, ο Καίσαρας είχε γεμίσει τις τσέπες του με χρήματα για τους πιστούς στρατιώτες του. Τώρα οι ίδιοι αυτοί στρατιώτες θα ξόδευαν τα χρήματα τους εδώ καθώς προετοιμάζονταν για το ταξίδι πίσω στη Ρώμη. Πράγματι, όλοι επωφελήθηκαν από αυτή τη νέα συμμαχία.

Η ημέρα που φοβόμουν είχε τελικά έφτασε. Μεγάλες σειρές από Ρωμαίους λεγεωνάριους είχαν αρχίσει να παρελαύνουν έξω από την Αλεξάνδρεια νωρίτερα το πρωί. Κατά το μεσημέρι και οι τελευταίοι στρατιώτες είχαν βγει από τις πύλες της πόλης. Οι άμαξες τροφοδοσίας τους και τα άλογα τους ήταν προγραμματισμένο να φύγουν αργότερα το βράδυ. Παρακολουθούσα την παρέλαση των στρατιωτών από ένα παράθυρο του παλατιού.

Ο Τίτος, η αγάπη μου, ήταν από τους πρώτους που έφυγαν από την Αλεξάνδρεια. Η συνάντησή μας την περασμένη νύχτα στο κήπους εντός των τειχών του παλατιού ήταν τόσο τρομερά θλιβερή αλλά αναμενόμενη. Ο Τίτος ήταν ένας αγαπημένος και αξιόπιστος στρατιώτης του Καίσαρα και εγώ δεν ήμουν τίποτα παραπάνω από μια υπηρέτρια της Βασίλισσας μου. Κανείς μας δεν είχε επιλογή. Είχαμε καθήκον να υπηρετούμε τους ηγέτες μας πιστά και χωρίς ερωτήσεις. Καθώς σκεφτόμουν αυτό μια άλλη, ακόμη μεγαλύτερη, σκέψη κατέλαβε την καρδιά μου.

Ξαφνικά με πλημμύρισε ένας νέος ενθουσιασμός. Βγήκα γρήγορα από δωμάτιο ψάχνοντας την Βασίλισσα μου. Τελικά την βρήκα να μπαίνει στην βιβλιοθήκη. Έκανα μια υπόκλιση γρήγορα και στη συνέχεια είπα, "Κλεοπάτρα, Βασίλισσα μου, μπορώ να σου μιλήσω σχετικά με ένα θέμα προσφιλές στην καρδιά μου;". Η Βασίλισσα συμφώνησε και μου έκανε νόημα να μπω μαζί της στο δωμάτιο. "Για τι θα ήθελες να μιλήσουμε, αγαπημένη μου φίλη," ρώτησε η μεγάλη Φαραώ. "Για την φιλία", είπα.

Για την επόμενη ώρα οι δυο μας μιλούσαμε στο δωμάτιο. Η Βασίλισσα μου άκουγε, καθώς εγώ μιλούσα γρήγορα. Βγήκα από το δωμάτιο αργότερα με ένα διάπλατο χαμόγελο, που έκανε το πρόσωπο μου να λάμπει ολόκληρο. Όταν χωρίσαμε, η Κλεοπάτρα γέλασε και στη συνέχεια μίλησε. "Ο Καίσαρας είναι σπουδαίος πολεμιστής, αλλά έχει επίσης και υπέροχη αίσθηση του χιούμορ". Τελείωσε τη φράση κλείνοντας μου το μάτι και έφυγε από το δωμάτιο.

Εκείνη τη νύχτα, καθώς η Ρωμαϊκή άμαξα τροφοδοσίας έφευγε από την Αλεξάνδρεια, ακουγόταν ένα σιγανό γέλιο από την τρίτη άμαξα στη σειρά. Ήταν η άμαξα που κουβαλούσε τα έπιπλα για τις σκηνές του Καίσαρα και τους πιο έμπιστους στρατιώτες του!

Η Ιστορία της Κλεοπάτρας, από την Εμπέκ

Η Βασίλισσα Κλεοπάτρα και η υπηρέτρια της Τίμπυ είχαν λόγο να είναι θλιμμένες καθώς οι Ρωμαίοι έφευγαν από την Αλεξάνδρεια εκείνο το πρωί. Έτσι, εξεπλάγην, όταν τις είδα και τις δύο να γελάνε σαν νεαρά κορίτσια έξω από τη βιβλιοθήκη. Τις ήξερα και τις δύο από παιδιά και μπορούσα να πω όταν η Κλεοπάτρα και η Τίμπυ σκάρωναν κάτι. "Εμπέκ", με κάλεσε η Κλεοπάτρα. "Θέλω να πας με την Τίμπυ και να την βοηθήσεις να μαζέψει τα πράγματα της". Ακολούθησα την Τίμπυ μέσα στο παλάτι και κάτω στις σκάλες για τον πρώτο όροφο, όπου είχε μια μικρή σουίτα δωματίων. Η Τίμπυ ήταν η αγαπημένη υπηρέτρια και η Κλεοπάτρα της είχε δώσει ένα άνετο μέρος για να μένει. Αναρωτιόμουν πού θα μπορούσε να πηγαίνει η Τίμπυ;

Επέλεξε να μαζέψει μόνο μερικά από τα πιο αγαπημένα αντικείμενα της και για ρούχα, πήρε μόνο όσα φορούσε. Λοιπόν, οτιδήποτε και αν σχεδίαζε η Τίμπυ προφανώς θα έπαιρνε λίγες αποσκευές! Σύντομα ήρθε η ώρα να πούμε αντίο. Την συμπαθούσα πολύ και της ευχήθηκα ένα ασφαλές ταξίδι.

Επειδή ήμουν σκλάβα μοιραζόμουν μόνο ένα μονόκλινο δωμάτιο με τη μητέρα μου. Το δωμάτιο μας ήταν πολύ απλό στο σχεδιασμό του. Δεν ήταν και τόσο φιλόξενο, όπως η σουίτα δωματίων της Τίμπυ, αλλά ήταν σπίτι. Ήμουν τυχερή που γεννήθηκα εδώ στο παλάτι και κάποια μέρα, και η μητέρα μου και εγώ θα κερδίζαμε την ελευθερία μας.

Η μητέρα μου ήταν η καλλιτέχνης του παλατιού και το ταλέντο και οι ικανότητες της ήταν ξακουστές σε όλη την Αίγυπτο. Η δουλειά της μητέρας μου ήταν να καλλιτεχνεί μεγάλες τοιχογραφίες σε όλους τους τοίχους του παλατιού. Το παλάτι ήταν μεγάλο και η καημένη η μητέρα μου κουραζόταν για χρόνια φτιάχνοντας το ένα αριστούργημα μετά το άλλο για να ικανοποιήσει τα μάτια του Φαραώ και της οικογένειάς του.

Ο Πτολεμαίος ΙΒ΄, ο πατέρας της Κλεοπάτρας μας το είχε υποσχεθεί. Όταν τελείωνε η μητέρα μου τις τελευταίες τοιχογραφίες, θα μας χάριζε και τις δύο την ελευθερία μας. Εργαζόταν στην τελευταία τοιχογραφία τώρα. Οι πλούσιες οικογένειες της Αλεξάνδρειας ήδη αναζητούσαν τις υπηρεσίες της γνωρίζοντας ότι σύντομα θα ήταν ελεύθερη. Και η μητέρα μου και εγώ θα ήμασταν άνετες όταν τελείωναν τα καθήκοντά μας στο παλάτι.

Όσο για μένα, είχα δύο πολύ ιδιαίτερες δουλειές στο παλάτι της Κλεοπάτρας. Το σημαντικότερο καθήκον μου ήταν ως βασιλικός δοκιμαστής του φαγητού της Φαραώ. Παρακολουθούσα τους μάγειρες καθώς μαγείρευαν και βοηθούσα με την προετοιμασία όταν χρειαζόταν. Όταν ολοκληρωνόταν η προετοιμασία του φαγητού έδινα ιδιαίτερη σημασία στο πιάτο της Βασίλισσας. Ήταν δική μου δουλειά να δοκιμάζω από κάθε φαγητό στο πιάτο. Αν το φαγητό είχε δηλητηριαστεί εγώ θα ήμουν αυτή που θα υπέστην τις συνέπειες.

Τώρα αυτό μπορεί να ακούγεται επικίνδυνη εργασία, αλλά στην πραγματικότητα ο κίνδυνος για την υγεία μου ήταν ασήμαντος. Δεν υπήρχε κανείς, σε όλη την Αίγυπτο που να ήταν καλύτερα προστατευμένος από τη μεγάλη μας Φαραώ. Όλα τα φαγητά ελέγχονταν καθώς ερχόντουσαν μέσα από τις πύλες του παλατιού και το προσωπικό της κουζίνας ήταν υπό στενή παρακολούθηση από τους στρατιώτες που είχαν ανατεθεί για υπηρεσία στην κουζίνα. Στην πραγματικότητα, πιστεύω ότι η δουλειά μου ως δοκιμαστής ήταν καλή. Έτρωγα μόνο τα καλύτερα φαγητά και η διατροφή μου ήταν πολύ καλύτερη από αυτή των πλουσιότερων εμπόρων!

Όταν δεν δοκίμαζα το φαγητό της Φαραώ, ήμουν με τη μητέρα μου. Την βοηθούσα να αναμιγνύει όλα τα χρώματα που χρησιμοποιούσε όταν καλλιτεχνούσε τις όμορφες τοιχογραφίες. Χρησιμοποιούσα ένα γουδί και γουδοχέρι για να κάνω τις μπογιές που δημιουργούσαν τα συναρπαστικά χρώματα για τα οποία ήταν διάσημη η μητέρα μου.

Το γουδί είναι ένα βαρύ μπολ από πέτρα και το γουδοχέρι είναι ένα εργαλείο με στρογγυλεμένη άκρη που χωρούσε εύκολα στην γροθιά μου. Άλεθα κομμάτια πολύτιμων λίθων, φυτικών ινών και άλλα αντικείμενα, μέχρι να μετατραπούν σε σκόνη. Οι διάφορες σκόνες, που ονομάζονται μπογιές χρησιμοποιούνταν τότε για να δημιουργήσουν τα όμορφα χρώματα που χρησιμοποιούσε η μητέρα μου για τις τοιχογραφίες. Οι συνταγές που χρησιμοποιούνταν για την δημιουργία χρωμάτων ήταν οικογενειακό μυστικό και το κρατούσα επτασφράγιστο. Αυτές τις συνταγές και το ταλέντο της μητέρας μου τελικά θα δημιουργήσουν μια ασφαλή ζωή για εμάς και για την μελλοντική μου οικογένεια.

Λίγους μήνες αφού έφυγε η Τίμπυ από το παλάτι, προέκυψε μια ξαφνική αναστάτωση στη βασιλική κουζίνα. Η Βασίλισσα φέρεται να είχε ναυτίες κάθε πρωί την περασμένη εβδομάδα! Ήμουν τρομοκρατημένη. Όλα τα μάτια ήταν πάνω μου και με κατηγορούσαν ότι δεν έκανα σωστά τη δουλειά μου. Κανείς δεν είχε πεθάνει, αλλά το είναι τόσο τρομερά άρρωστη μπορεί να σημαίνει μόνο ένα πράγμα. Η Βασίλισσα είχε δηλητηριαστεί αργά και ο βασιλικός δοκιμαστής απέτυχε οικτρά στο έργο του.

Δεν μπορούσα να καταλάβω. Έπαιρνα τη δουλειά μου πολύ σοβαρά. Όταν δούλευα στην κουζίνα βοηθώντας τους μάγειρες έδινα μεγάλη προσοχή στη λεπτομέρεια. Το καλό της Βασίλισσας μου ήταν πάντα η πρώτη μου προτεραιότητα. Άρχισα να φοβάμαι για τον εαυτό μου και την μητέρα μου. Μια δηλητηριασμένη Κλεοπάτρα θα μπορούσε να προκαλέσει προβλήματα για την ελευθερία που μας είχαν υποσχεθεί. Το τελικό αποτέλεσμα θα μπορούσε να είναι πολύ χειρότερο!
Οι ανησυχίες μου σύντομα καταλάγιασαν. Όλως παραδόξως, ήταν η άρρωστη Βασίλισσα μου που μου έδωσε αυτή την πολυπόθητη ανακούφιση. Αρκετές μέρες μετά από τότε που ξεκίνησαν τα προβλήματα, μια πολύ χλωμή Βασίλισσα μπήκε στην κουζίνα. Φαινόταν σαν να είχε σηκωθεί με το ζόρι από το κρεβάτι. Τα μαλλιά της ήταν ένα χάος και το δέρμα ήταν λευκό

σαν κιμωλία. Και οι μάγειρες και εγώ κατατρομάξαμε καθώς μιλούσε.

"Συγγνώμη, αγαπημένοι μου υπηρέτες, αλλά η Βασίλισσα σας επιθυμεί να φάει μια πίκλα". "Πίκλα;", ρώτησε ο επικεφαλής μάγειρας. "Ναι", είπε η Βασίλισσα, και αν δεν υπάρχουν πίκλες στη βασιλική κουζίνα, και ένα παγωτό θα ήταν καλό".

Ενώ οι μάγειρες έτρεχαν μέσα στην κουζίνα για να αυτό που ζήτησε η Βασίλισσα, ένιωσα μια αυξανόμενη αίσθηση ανακούφισης. Θα έπρεπε να ρωτήσω την μητέρα μου που είχε μεγαλύτερη εμπειρία με τα θέματα αυτά, αλλά κάτι μου έλεγε, ότι το μυστήριο της πρόσφατης ασθένειας της Φαραώ επρόκειτο να λυθεί. Η Βασίλισσα, νομίζω ήταν έγκυος. Η Κλεοπάτρα θα αποκτούσε μωρό!

Οι υποψίες μου είχαν αποδειχθεί σωστές. Μετά από λίγο καιρό η Βασίλισσα μου, η Κλεοπάτρα Ζ΄, γέννησε ένα πρίγκιπα, ένα αγόρι που αργότερα ονομάστηκε Καισαρίωνας. Ο πατέρας του ήταν, φυσικά, ο σπουδαίος Ιούλιος Καίσαρας. Η γέννηση του Καισαρίωνα συνέπεσε με την ίδια μέρα που η μητέρα μου ολοκλήρωσε την τεράστια τοιχογραφία στην μεγάλη αίθουσα. Όπως μας το είχαν υποσχεθεί και η μητέρα μου και εγώ ήμασταν πλέον ελεύθερες και μπορούσαμε να φύγουμε από το παλάτι.

The Life of Cleopatra

The road to Julius Caesar's camp was rough and full of potholes. I was bouncing around in the back of the wagon like a bag full of rags. How in the world could the Queen of Egypt, ruler of the most advanced civilisation of our times, find herself in such a fix? Here I was, wrapped up in a Persian rug, packed in tightly between bags of grain, a crate of vegetables and a dozen cages of cackling hens. How exactly had it come to this? I closed my eyes for a moment and let my mind drift back to better times.

Through the open window of my room I could see the beautiful city of Alexandria in all its splendid glory. Beyond the city and out to sea a tall lighthouse on the island of Pharo guided the many ships that entered our harbour. The lighthouse was made of white marble. It was one hundred and fifty meters high. Sailors claimed they could see it standing there from fifty kilometres away. The view of this great city with its wide avenues and grand buildings took my breath away. This was the city that Alexander the Great had built and now it was mine!

I had to pinch myself for a moment just to clear my head. It had happened all so quickly and now at only eighteen years of age, I had become the Queen, the great Pharaoh of Egypt. Suddenly my thoughts were interrupted by the sound of movement at the door of my room. My servants had arrived.

They were here to dress me in my new garments befitting my Pharaoh status. When I noticed brightly coloured fabric among the clothing items, the servant girls quickly reminded me of my new position. "Only common women wear white, my Queen. You will be wearing a chiton, in the finest of Greek linens, embroidered on its edges and dyed in bright vibrant colours. Your dress will be pulled in at the waist with a belt made from leather and studded with jewels". The bright chiton was a stitched dress. It was more formal than the togas worn by both my servants. The togas simply wrapped around their bodies and tied at the shoulder.

The young girl who had been talking suddenly stopped, bowed slightly and backed up a few steps out of respect to her Queen. "Forgive me, my Highness, for all my chatter," she said.

Her name was Tibby. We had been best friends since we were little girls. But now, with my sudden new status, our friendship had become much more formal. I missed the old days when we could laugh, run and giggle without any worries. I remembered how we used to tease the slave boy who was my personal taster. It was his job to eat bits of my food before I did, to make sure that it wasn't poisoned. He was a very cute boy. Tibby used to say that the taster of my food was quite delicious himself! Sometimes, when he would enter, we would break down in a fit of laughter.

After Tibby and the other girl left I turned my thoughts to my new position. Life was no longer filled with long afternoon milk baths while stretched out in a luxurious marble tub. Flirting with yummy taster boys was great fun but now ... I had inherited the throne from my father, Ptolemy XII. I was barely a teenager and, as if I didn't already have enough to worry about, I had been given the big job of ruling my country. Even worse, I had to do it with the help of my ten year old brother! His name was Ptolemy XIII. Let me make it perfectly clear from the start that the two of us did not get along although we were expected to appear like we did. The truth is the very sight of him made my skin crawl. I don't know how many times I caught him in my room going through my things. "Get out of my room, Ptolemy!" I'd scream.

So ... now my brother had become an even bigger problem. He no longer was simply my brother, "the nuisance". Ptolemy now wanted the job we shared, all to himself. I suspected his mean guardians were behind this bad idea. This new threat was serious and Ptolemy had his very own army to make it happen! So now I was faced with my first really big problem as Pharaoh. How should I deal with my bratty brother and this threat to my power?

And now, a year later, it had all gotten worse. My brother had won the first round and I was living in exile away from my beloved Alexandria. Yesterday, Tibby arrived back from the market with news of a new man in the neighbourhood. Not only was he handsome, "dreamy," she said, he also had an army. "He was driving the biggest and fastest chariot I've ever seen" Tibby announced, "and that Roman chest-plate he wore was so impressive!"

It was Julius Caesar and here he was, camped right on my doorstep! Could it get better than this? I needed an ally and out of nowhere, he had appeared.

Slowly a plan began to take form. I needed to make contact with this Julius Caesar without being seen. Tibby was sent back to the market place to gather information. She found a carpet dealer who dealt with the Romans. For a few coins he was willing to make a very special delivery.

So that is how I came to be bumping along in an uncomfortable cart, wrapped up in a wool rug. When we finally reached the camp of Julius Caesar I could hear his soldiers talking loudly as they removed the items from the cart. Within minutes I felt the rug move as I was lifted and carried into the tent of the great Roman leader. As the rug was dropped to the ground and unrolled I held my breath.

I knew what came next would change the course of my life. Would he like me? Would I like him? Would we join forces as I had planned? Suddenly I was looking up at him; a strong and handsome soldier. Our eyes locked and instantly I knew that together, Julius Caesar and I, Cleopatra VII would make history!

The Story of Cleopatra, by Julius Caesar

As a young man growing up in ancient Rome I quickly discovered the dislike the common people felt for the nobility, like me. The sneers and the scowls on people's faces were everywhere I went. I remember walking in the market one day and overhearing a conversation between two merchants. They were telling each other jokes.

“What has VI wheels and flies?,” said the first merchant. “The garbage cart,” he shouted and they laughed long and hard. "Who came after the first Consul?” joked the second merchant. The other simply looked blank and said nothing. "The second one," he said answering his own question and with that, both men rolled their eyes and shrugged.

It was clear there was no love lost for the great leaders of our country. Every year the senate appointed two new Consuls to lead the country. Two were chosen so that no single person would have too much power. All Senators and Consuls were from the noble families of Rome.

It was this type of mistrust that followed me throughout my young life. The country was in a big mess and, of course, families like mine were blamed for all the mistakes and troubles. But little did anyone know at the time, that I, Julius Caesar, would one day solve the country's troubles. Before too long, I would pick up a sword, join the army and eventually establish a military dictatorship. But that was in the future and I had a long way to go and battles to fight before that would come to pass. As a young soldier, I came, I saw and I conquered many areas of Asia and the Middle East. My armies fought hard and valiantly. The Roman Empire grew in leaps and bounds because of my efforts. I relished those days on the battlefield and remembered them as being some of the best days in my life!

After a long day on the battlefield the soldiers under my command would eat and relax. The food rations for our Roman soldiers were always well planned. Rations consisted primarily of grains; namely corn, wheat and barley. The grains were ground and used to make breads, porridge and pastas. Meat was usually bacon and it was salted to keep it preserved. We also had cheese and wine at our disposal. The wine was always watered down of course. The soldiers had enough to keep them fit for battle, but sometimes they longed for pastry. "We cannot live on bread alone," the soldiers would often complain. "We feel we are being trained for the Olympics."

I, of course, ignored their pleas because I knew better. A healthy diet meant a stronger soldier and a longer life. A long life, I might add, in which to collect their good pensions.

One evening, years later, I found myself in the land of Egypt. This particular evening was hot and sticky, much like every other night since my arrival. Our battles had been fought and won. "It's time to get out of here and back to Rome," I thought to myself. I was tired of just hanging out and was ready for some kind of action. But, I was also worried about my lack of money. The army was getting restless and I knew I would have to pay my soldiers the coins I owed them soon. This last campaign against Pompey had been expensive. We had to chase Pompey out of Rome and all the way into Egypt. Now my war chest, once overflowing, was almost completely empty.

"Bah!" I said aloud startling the soldiers that had just entered the tent. They were carrying a dusty rolled up carpet. "What's this?" I bellowed. My mood was dark and my thoughts were about packing up and leaving. Another carpet in the tent was ridiculous! I looked depressed, as the rug was dropped to the ground and unrolled. Enough of this nonsense! Whoever was responsible would have some explaining to do!
But then my jaw dropped as I saw what unrolled out of the carpet. A beautiful woman! She landed at my feet and looked

up innocently into my eyes. Our gaze locked and for a moment, time seemed to stand still.
I knew instantly that this was no ordinary slave girl. She was dressed in the brightly coloured clothes reserved only for the wealthy Egyptian women of powerful families. An amulet of gold encircled her upper arm and her belt was studded with jewels of many colours. It was Cleopatra, the exiled Queen of Egypt.
Suddenly another boring evening in a foreign land transformed itself into a night of endless possibilities. My mood immediately changed. I came, I saw, I conquered, was about to have a new meaning! But exactly who was conquering who, I thought, as the night of romance began to blossom. The fact that Cleopatra had money was interesting to me and as it turned out the army I commanded was of great interest to Cleopatra and her plans. As we locked eyes, the two of us took serious stock of one another. The next weeks were going to be both entertaining and rewarding.

I felt like an Emperor as we entered the city of Alexandria with Cleopatra at my side. We were standing tall in my great Roman chariot and made an impressive couple. Today she was wearing a head-dress so magnificent she looked like the Goddess Isis. It was clear that her people adored her.
In the past few weeks I had learned a lot about this spunky young queen.
While most of the great families in Egypt spoke only Greek, Cleopatra had chosen to learn Egyptian, the common language of the people she ruled. She was a powerful Pharaoh and I was proud to use my army to get her back into Alexandria where she belonged. The battle with her brother, Ptolemy XIII was fierce but his defeat had been total. I could still see him running away from my armies with his tail between his legs, never to return again.

She turned towards me, a broad smile parting her lips and once again she became the flirty girl that had stolen my heart just a few short weeks ago. Her hand reached over and covered mine as she whispered into my ear. “So what do you think of your little queen now?” her playful smile melted my heart.

I was saddened knowing I would have to break the news soon. It was time for me to be getting back to Rome.

“You Romans with your big swords and fast chariots aren’t the only ones who know how to tame a crowd,” she said. She winked to show me she was just teasing. I decided I would break the news on another day. Today was for celebration.

The Story of Cleopatra, by Tibby

“They looked so happy together", I thought, as the chariot holding Cleopatra and Julius Caesar entered Alexandria. The crowds of people who watched Cleopatra's return to the city were cheering madly with excitement. They were clearly thrilled to have their Queen home again.

However, I couldn’t help questioning how long this happiness would last. I had heard rumours recently that Caesar was preparing his army for a quick departure back to Rome. You couldn’t blame me for wondering how this would affect me personally. Would Cleopatra and her entire palace household be leaving with him?

While I was only Tibby, the servant girl, my childhood friendship with Cleopatra had forged a special bond between us. We had become the closest of friends. Only time would tell what changes might be in store for us. I couldn’t help but worry

Everything had happened so quickly. It seemed just days ago, I had been planning with my Queen while she was still in exile. We hatched a plan that would have the young Pharaoh, Cleopatra, delivered to the great Roman leader, rolled up in a carpet! The plan had been successful and now here we all were safely back in Alexandria.

“What are you thinking about Tibby", whispered a voice in my ear. I turned to look at the handsome Roman soldier standing by my side.
His name was Titus. Titus and I had met only a short few weeks ago at the campsite of Julius Caesar’s great army. Instantly drawn to each other, we had become almost inseparable.

I loved the curve of his muscled arms and he looked so handsome in the armour of the Roman Legionnaire. I couldn't resist a man in uniform and if the truth were told, Titus reminded me of my own father. My father had been a soldier in the Egyptian army; a famous charioteer who had earned the respect of the Egyptian people.

Both feared and respected, Egypt's charioteers were honoured citizens. A pair of strong horses trained for war, would pull a chariot carrying two brave soldiers. While one drove the chariot, the second would fight, usually with a spear or bow and arrow. Egyptian soldiers were great marksmen. They could hit a target up to 600 feet away.

When I was just a little girl, living on the family farm, I remember sitting at my father's knee listening to his tales of battles fought and won. My father had been given a plot of land by the Pharaoh, Ptolemy XII. The gift was payment for his years of service at the end of his military career. It was on this land that I was born and where I spent the earlier years of my life.

From the roof of the family hut we could see the great Nile River flowing by in the distance. The dark rich soil on the banks of this river provided fertile ground for my father's crops. When hot summer nights became unbearable my whole family would climb up onto the rooftop to sleep in the cool night air.

I remember staring up into the midnight sky, ablaze with twinkling stars that looked like diamonds.
Sitting next to me, my father would say, "If I could Tibby, I would gather those diamonds and make you a headdress so dazzling that even Isis herself would be envious!". A few years later I would remember his words, but they would give me no comfort. A request had come from the Great Pharaoh himself, Ptolemy XII. He wanted a companion for his young daughter, Cleopatra. I had been chosen and at the tender age of only VI, I was sent off to the palace in Alexandria. No doubt my father

thought that the comforts of palace life, would give me the security that he was unable to provide.

My first days in the palace were filled with tears, but soon Cleopatra's gentle humour won me over. We became best friends. Sometimes at midnight we would tip-toe down into the palace's great kitchens to steal sweetened breads and honey. More than once we were caught with our chins and fingertips covered with the juice of ripened figs. Those care-free days were filled with light-hearted fun and adventure.

The crowd around me began to break up. It would be a busy day in the palace. I needed to attend to many jobs before the evening feast began. Curious eyes watched as I said good-bye to Titus and waved as he disappeared around the corner. The people of Alexandria were excited to have their favourite Pharaoh back at home, but were anxious about the presence of so many Roman troops in the heart of Egypt.

I knew their fears would soon disappear. Cleopatra understood well the needs of her people. She had gifted Caesar with significant funds for his support. In turn, Caesar had filled the pockets of his faithful soldiers with coins. Now these same soldiers would be spending their coins here as they prepared for their journey back to Rome. Indeed, everyone would profit from this new alliance.

The day I was dreading had finally arrived. Long columns of Roman legionnaires had begun their march out of Alexandria earlier in the morning. By mid-day the last of the soldiers were exiting through the gates of the city. A supply train of carts and their horses were slated to leave later in the evening. I had been watching the parade of soldiers from a palace window.

Titus, my love, had been one of the first to leave Alexandria. Our meeting last night at the gardens inside the palace walls had been so terribly sad and yet expected. Titus was a favoured and trusted soldier of Caesar's and I was nothing more than a servant to my Queen. Neither of us had a choice.

We had a duty to serve each of our leaders faithfully and without question. Just as the thought passed another, even greater one, occupied my heart.

I was suddenly filled with a new excitement. I scurried from the room in search of my Queen. I finally found her entering the library. I bowed quickly and then blurted out, "Cleopatra, my Queen, may I speak with you on a subject dear to my heart?" The Queen agreed and motioned for me to join her in the room. "What would you like to talk about, my dear friend," the great Pharaoh asked. "Friendship," I said.

For the next hour the two of us talked in the room. My Queen listened, as I spoke quickly. I walked out of the room later with a smile, beaming on my face from ear to ear. As we parted, Cleopatra chuckled and then spoke. "Caesar is a great warrior, but he also has a great sense of humour". She ended the sentence with a wink and left the room.

That night as the Roman supply train rolled out of Alexandria, a muffled laugh could be heard from the third cart in the procession. It was the cart that carried furnishings for the tents of Caesar and his most trusted soldiers!

The Story of Cleopatra, by Ebek

My Queen Cleopatra and her servant girl Tibby had good reason to be sad as the Romans marched out of Alexandria that morning. So I was surprised to see them both giggling like young girls outside of the library. I had known these two since childhood and I could tell Cleopatra and Tibby were up to something. "Ebek," Cleopatra called me over. "I want you to go with Tibby and help gather her things." I followed Tibby through the palace and down the back stairs to the first floor where she had a small suite of rooms. Tibby was a favoured servant and Cleopatra had given her a comfortable place to call her own. I wondered to myself where Tibby could be going?

She chose to pack only a few of her most prized possessions and for clothing, she took only what she was wearing. Well, whatever Tibby was up to she was obviously travelling light! Soon it was time to say good-bye. I was fond of her and wished her a safe journey.

Since I was a slave I shared only a single room with my mother. Our room was very simple in its design. Not quite as inviting as Tibby's suite of rooms, but it was home. I was lucky to have been born here in the palace and someday, both my mother and I would earn our freedom.

My mother was the palace artist and her talent and skills were celebrated throughout Egypt. Mother's job was to create great paintings on the walls throughout the palace. The palace was large and my poor mother had laboured for years painting one masterpiece after another to please the eyes of the Pharaoh and his family.

Ptolemy XII, Cleopatra's father had made us this promise; when my mother finished working on the last of these paintings, he would grant us both our freedom. She was working on the final painting now. The wealthy families of Alexandria were already requesting her services knowing that soon she would be free. Both my mother and I would be comfortable when our duties at the palace came to an end.

As for me, I had two very special jobs in the household of Cleopatra. The most important task I performed was as the royal taster of the Pharaoh's food. I would watch the cooks as they cooked and help with preparation as needed. Once the meal preparation was complete I would pay special attention to the plate of the Queen. It was my job to have a taste from each item on the plate. If the food had been poisoned I would be the one to suffer the consequences.

Now this might seem to be a dangerous job but in reality the risk to my health was minor. There was no one, in all of Egypt that was better protected than our great Pharaoh. All foods were inspected as they came inside the palace gates and the kitchen staff was watched closely by the soldiers that were assigned to kitchen duty. In fact, I considered my job as taster to be a good one. I ate only the best of foods and my diet was much better than the wealthiest of merchants!

When I wasn't tasting the Pharaoh's food, I was at my mother's side. I had the task of mixing all the paints she used when creating her beautiful paintings. I would use a mortar and pestle to make the pigments that created the exciting colours my mother was famous for.

The mortar is a heavy bowl made from stone and the pestle is a round ended crushing tool that fit easily into my fist. I ground chunks of precious stones, plant fibres and other items until they turned into a powder. The different powders, called pigments were then used to create the beautiful colours my mother used to paint her murals. The recipes used for making her paints were a family secret and guarded them carefully. These recipes and my mother's talent would eventually create a secure life for us and for my future family.

A few months after Tibby left the palace, the royal kitchen was in a sudden uproar. The Queen was reported to have been sick every morning for the past week! I was horrified. All eyes were on me and I was accused of not doing my job properly. No one had died but being so terribly sick could mean only one thing. The Queen was being poisoned slowly and her royal taster was failing miserably at his job.

I couldn't understand it. I took my job very seriously. When I worked in the kitchen helping the cooks I paid close attention to detail. My Queen's welfare was always my first priority. I began to fear for myself and my mother. A poisoned Cleopatra could cause problems for our promised freedom. The final outcome could be far worse!
My worries were soon put to rest. Strangely enough, it was my sick Queen who would bring me my much needed comfort. Several days after all the trouble began, a very pale looking Queen walked into the kitchen. She looked as though she had just dragged herself out of bed. Her hair was a total mess and her skin was as white as chalk. Both the cooks and I stepped back in horror as she spoke.

"Excuse me, my dear servants, but your Queen is hungry for a pickle." "A pickle," the head cook asked? "Yes, said the Queen, and if there are no pickles in the palace kitchen, ice cream will do."

While the cooks scurried about the kitchen responding to the Queen's requests, I felt a growing sense of relief. I would have to consult with my mother as she had more experience with these matters, but something told me, the mystery of the Pharaoh's recent illness was about to be solved. The Queen, I believed was with child. Cleopatra was going to have a baby!

My suspicions were proven correct. In good time my Queen, Cleopatra VII, gave birth to a prince; a boy who was later named Caesarion. The father was of course, the great Julius Caesar. The birth of Caesarion came the very same day my mother completed the huge painting in the great hall. As promised both my mother and I were freed from our slavery and permitted to leave the palace.

Made in the USA
Middletown, DE
11 March 2024